Redes Neurais

Redes Neurais

Marino H. Catarino

Freitas Bastos Editora

Direção Editorial: *Isaac D. Abulafia*

Gerência Editorial: *Marisol Soto*

Assistente Editorial: *Larissa Guimarães*

Diagramação e Capa: *Deborah Célia Xavier*

Revisão: *Doralice Daiana da Silva*

Copidesque: *Lara Alves dos Santos Ferreira de Souza*

Dados Internacionais de Catalogação na Publicação (CIP) de acordo com ISBD

C357r Catarino, Marino H.

Redes Neurais / Marino H. Catarino. – Rio de Janeiro, RJ : Freitas Bastos, 2025.

248 p. : 15,5cm x 23cm.

Inclui bibliografia.

ISBN:978-65-5675-501-4

1. Tecnologia. 2. Informática. 3. Aprendizado de máquina. 4. Perceptron. 5.Adaline. 6. Madaline. 7. Processamento de linguagem natural. 8. Neurônio artificial. 9. Redes art. 10. Kohonen. 11. Hopfield. 12. Redes neurais profundas. I. Título.

2025-867 CDD 600
CDU 6

Elaborado por Odilio Hilario Moreira Junior - CRB-8/9949

Índice para catálogo sistemático:

1. Tecnologia 600
2. Tecnologia 6

Freitas Bastos Editora

atendimento@freitasbastos.com

www.freitasbastos.com

Marino H. Catarino

Mestre em Ciências da Computação (2017) pelo Instituto de Matemática e Estatística (IME) da Universidade de São Paulo (USP), pós-graduado em Engenharia de Sistemas (2009) pela Escola Superior Aberta do Brasil e graduado em Ciências da Computação (2005) pelo IME da Universidade de São Paulo (USP). Atualmente, é professor de pós-graduação de Big Data e Inteligência Artificial do Instituto Presbiteriano Mackenzie, também leciona nos cursos de graduação e pós-graduação da Faculdade Impacta Tecnologia (FIT), e na Faculdade de Informática e Administração Paulista (FIAP). Além disso, produz conteúdo para outras instituições, como o Senac. Possui ampla experiência na área de Ciência da Computação, com ênfase em Big Data, modelagem e armazenamento de dados, análise de dados e grafos. Autor do livro Teoria da Computação, publicado em 2023 pela Editora Freitas Bastos.

Sumário

Lista de figuras

Capítulo 1

História das redes neurais

1.1 Introdução

O fascínio que temos referente à forma como o cérebro humano aprende, como conseguimos verbalizar nossas ideias, executar equações e recordar momentos da vida é muito grande e praticamente inerente à humanidade.

Ao longo dos séculos emergiu a possibilidade de se criar um mecanismo que conseguisse reproduzir algumas das características do pensamento humano, algo que conseguisse interagir conosco, conversar, realizar cálculos e testes. Estes anseios remontam a mais de 700 anos, quando histórias sobre figuras místicas que pudessem auxiliar a humanidade na execução de tarefas eram muito interessantes.

Um dos exemplos mais conhecidos é o do Golem, presente na cultura judaica, que se refere a um ser místico concebido com material inanimado que obtém vida por meio de um ritual divino. Mais recentemente temos o conto Frankenstein, história publicada em 1818 que retrata um ser humanoide que ganha vida mediante um experimento do estudante de medicina Victor Frankenstein.

Nessa perspectiva, a realidade que vivemos atualmente é um futuro inimaginável para Mary Shelley, autora de Frankenstein ou para o rabino Loew ben Bezalel, associado com o criador da lenda do Golem. Vivemos uma era em que convivemos com máquinas que conseguem identificar pessoas e objetos, algoritmos que podem descobrir qual o tipo de animal retratado em uma fotografia, interpretar um texto de entrada e então gerar novas imagens – e até mesmo produzir um roteiro de filme ou um escrever um novo livro.

O salto evolutivo da tecnologia é enorme, com impactos em todos os segmentos de negócio e em diversas tarefas rotineiras que temos. Em menos de 50 anos, conseguimos superar as expectativas mais otimistas quanto ao ponto tecnológico em que estamos. E isso não somente em um ponto da computação, mas em vários. Por exemplo, em 2006, a empresa Google apresentou a problemática *big data*, um fenômeno associado com um grande volume de dados produzidos com uma velocidade muito grande e que apresentavam uma variedade de informações. Desde então tecnologias que conseguissem atuar nesse problema foram sendo desenvolvidas e apresentadas, como sistemas de armazenamento distribuídos.

Esses dados coletados e armazenados poderiam demorar anos para serem analisados e para se obter o valor deles, porém tivemos outro segmento tecnológico que evoluiu em conjunto com o *big data*, que é a ciência de dados, a *data science*, e com ela o aprendizado de máquina e a inteligência artificial.

Tendo muitos dados para serem trabalhados, surgiu a real necessidade de dispor de meios de analisá-los de forma automatizada, de forma prática e com coerência e exatidão. Então o segmento referente à análise de dados teve um impulso muito grande e conseguiu apresentar resultados significativos em muito pouco tempo.

Assim, o uso de redes neurais artificiais, que visam substituir funções executadas pela capacidade lógica do ser humano, evoluiu também, tornando viável a exploração de diversos dados, apresentando resultados surpreendentes.

O uso dessas redes neurais para realizar busca em imagens ou vídeos, percorrendo cenas atrás de chapas de veículos ou de rostos de pessoas, só é possível devido à evolução na qualidade dos dispositivos digitais de captura de imagem.

Na Figura 1.1, vemos a representação de uma rede neural artificial, na qual os círculos representam os neurônios artificiais que se encontram conectados entre si por meio das camadas da rede, identificadas como camada de entrada, camada oculta e camada de saída.

Figura 1.1 – Rede neural artificial

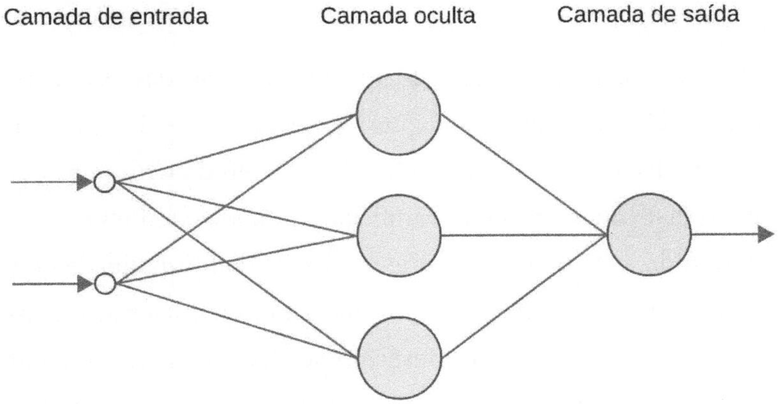

Fonte: Elaborada pelo autor, 2025.

Então, quando tratamos do potencial das redes neurais, devemos compreender que seu uso e sua finalidade são devidos a um grande conjunto da obra, ou seja, a que outras tecnologias tenham uma evolução simultânea, propiciando um ambiente oportuno em que a necessidade das redes neurais é real e pode ser empregada. Com isso, justificando investimentos e pesquisas neste segmento da tecnologia.

Muito do que temos dessa tecnologia de redes neurais é fruto de inúmeros experimentos, pesquisas e horas dedicadas aos estudos, além da criatividade das pessoas em querer ultrapassar o limite do convencional e expandir os avanços da ciência.

Vamos iniciar nossa jornada rumo à compreensão do que são as redes neurais artificiais, sua origem, possibilidades de uso e formas de emprego. Juntos, iremos entender como foram o surgimento e a evolução das máquinas que realizam atividades intelectuais humanas.

1.2 História das redes neurais

Muitos pesquisadores conceituam o marco inicial das redes neurais com a publicação feita pelo neurofisiologista Warren McCulloch junto ao matemático Walter Pitts, em 1943, sobre o funcionamento de neurônios artificiais e uma proposta de uma rede neural artificial utilizando circuitos elétricos.

Contudo, esse não foi o primeiro projeto da humanidade com a finalidade de replicar o cérebro humano utilizando recursos artificiais. Ocorreram eventos anteriores que merecem ser listados como indicativos do interesse da humanidade em ter um artefato que conseguisse reproduzir as funções cerebrais.

Para iniciarmos nossa jornada, devemos regredir até o século XVII, mais precisamente ao ano de 1642, quando o filósofo e matemático francês Blaise Pascal (1623-1662), com apenas 19 anos, utilizou mecanismos de engrenagens para construir um equipamento que pudesse substituir o ábaco, um instrumento milenar utilizado para realizar equações.

O resultado de Pascal ficou conhecido como a primeira calculadora que fazia somas e subtrações, sendo chamada de **Pascalina**, tornando-se um marco histórico, pois demonstrou ser possível construir equipamentos que realizassem as ações intelectuais executadas pelo cérebro humano. Com isso, evidenciou o interesse na época de compreender o pensamento.

Seguindo essa linha de raciocínio, anos depois da apresentação da Pascalina, o filósofo e matemático alemão Gottfried Wilhelm Leibniz (1646-1716) desenvolveu e aperfeiçoou o sistema binário, o qual é o fundamento da ciência da computação atual.

Além dessa contribuição, Leibniz tinha como objetivo construir uma máquina que pudesse representar o raciocínio por meio da manipulação de alavancas. Nesse contexto, em 1673, conseguiu aprimorar a calculadora de Pascal, adicionando as funções de multiplicação e divisão, ficando conhecida como a **Máquina de Leibniz**.

Após essas duas contribuições, tivemos uma lacuna de quase dois séculos, quando então, em 1837, ocorreu um evento muito importante para a tecnologia: a proposta de uma máquina programável apresentada por Ada Lovelace (1815-1852) e Charles Babbage (1791-1871), denominada Máquina Analítica.

A proposta dessa máquina era fazer cálculos por meio do uso de funções e, apesar de nunca ter sido construída, Lovelace escreveu sobre ela, introduzindo a primeira proposta de um algoritmo da história por meio de um *script* que demonstrava como a máquina poderia calcular ao processo de Bernoulli. O processo de Bernoulli é uma sequência finita ou infinita de variáveis aleatórias binárias que indicam quando um determinado evento ocorre.

Essas contribuições foram muito importantes como forma de evidenciar o interesse em reproduzir capacidades lógicas intelectuais para dispositivos mecânicos. Mais de 100 anos depois, tivemos outro evento que impactou na origem dos computadores e das redes neurais modernas.

Em 1943, Warren McCulloch (1898-1969) e Walter Pitts (1923-1969) apresentaram um modelo que relacionava o cérebro com máquinas, sendo esta uma proposta inicial para as redes neurais artificiais que considerava em seus fundamentos a matemática e algoritmos com lógica de limiar.

Nesse modelo, apresentaram a concepção de neurônios artificiais e de como estes neurônios poderiam funcionar por meio da modelagem de uma rede neural artificial simples construída com circuitos elétricos. Na Figura 1.2, vemos um exemplo do diagrama das redes de McCulloch e Pitts.

Figura 1.2 – Diagrama das redes de McCulloch e Pitts

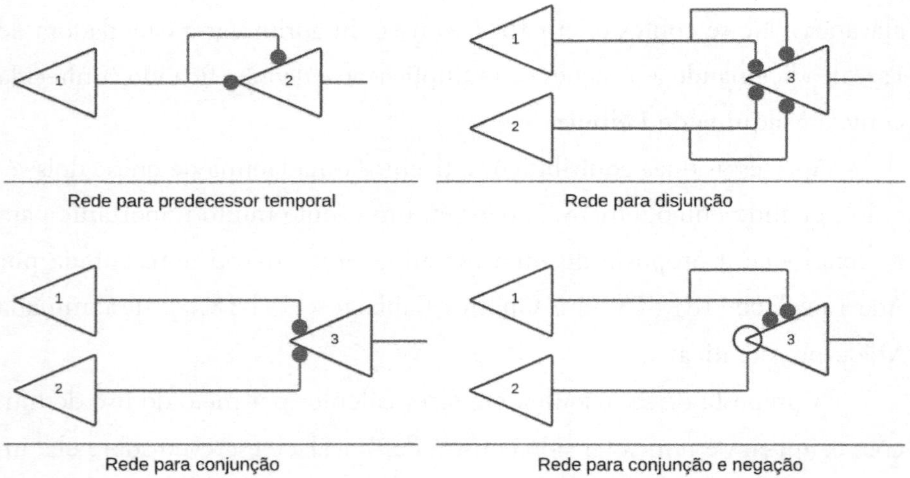

Fonte: Elaborada pelo autor, 2025.

Nessa figura, vemos a representação de cada neurônio por meio de um círculo que envia um pulso de saída para outro neurônio que deve receber duas entradas. Foram idealizados dois tipos de conexões: as conexões excitatórias, representadas por círculos pretos na ponta, e as conexões inibitórias, representadas por um arco conectado a uma ponta do neurônio.

Em 1949, o pesquisador Donald Olding Hebb (1904-1985) apresentou uma hipótese de aprendizagem de neurônios biológicos em que considerava que as vias neurais eram fortalecidas conforme fossem sendo usadas. Ou seja, quando dois neurônios disparam ao mesmo tempo, a conexão entre eles é intensificada.

Pouco depois, em 1950, Alan Turing (1912-1954) apresentou o Teste de Turing, que tinha como finalidade verificar a inteligência das máquinas pela verificação da capacidade de um dispositivo apresentar um comportamento equivalente a um ser humano.

A proposta do teste era verificar se uma máquina poderia ou não pensar. Com essa premissa, o teste consistia em realizar um jogo da imitação, no qual três pessoas se encontrariam em salas isoladas, e uma delas atuaria como juiz e as outras duas pessoas deveriam realizar um diálogo entre si.

O funcionamento do teste era da seguinte forma: as duas pessoas de gêneros diferentes deveriam trocar mensagens de texto datilografadas entre si. O juiz tinha como função determinar o gênero das pessoas conforme as mensagens que recebia delas. Em um certo momento, sem que o juiz soubesse quando, uma das pessoas seria substituída por uma máquina, e o teste se manteria.

Dessa forma, seria verificado se o juiz conseguiria ou não reconhecer que estava lendo mensagens que foram escritas por um equipamento eletrônico. Ao final do teste seria identificado se a máquina conseguiria imitar o pensamento humano e assim passar despercebido pelo juiz.

A Figura 1.3 apresenta uma representação de como ocorria o teste de Turing logo após a substituição de uma das pessoas pela máquina. O juiz não deveria perceber que ocorreu esta troca, acreditando ainda estar acompanhando o diálogo entre dois seres humanos.

Figura 1.3 – Teste de Turing

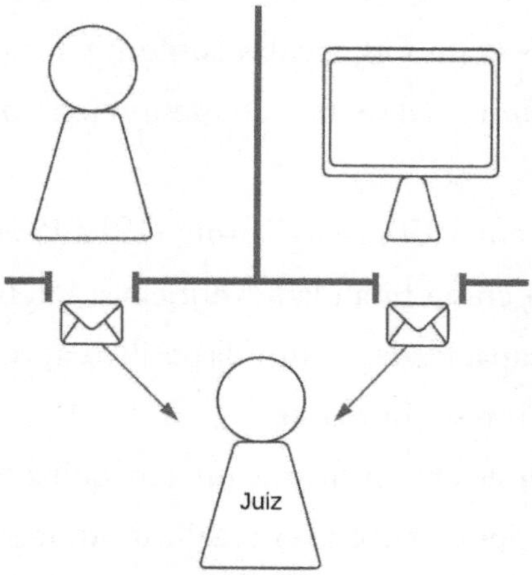

Fonte: Elaborada pelo autor, 2025.

Em 2014 (64 anos depois), um computador conseguiu passar no teste de Turing em um evento organizado pela Universidade de Reading, na Royal Society, em Londres, Reino Unido. O programa em questão era um *chatbot*, um *software* de inteligência artificial com a habilidade da comunicação, desenvolvido pelo pesquisador russo Vladimir Veselov e pelo pesquisador ucraniano Eugene Demchenko (chamado de **Eugene Goostman**). Esse programa conseguiu convencer um terço dos 30 juízes de que era um menino de 13 anos.

Continuando a nossa jornada, em 1956, o cientista estadunidense John McCarthy (1927-2011) criou o termo **inteligência artificial** para nomear a Conferência de Dartmouth, em New Hampshire, Estados Unidos. Essa foi a primeira vez que esse termo foi utilizado, dando início a um novo campo do conhecimento que procurava produzir modelos matemáticos que conseguissem simular o funcionamento do cérebro.

Dois anos depois, em 1958, o pesquisador Frank Rosenblatt (1928-1971) apresentou o Perceptron, o primeiro neurônio artificial, o precursor das redes neurais artificiais atuais.

A proposta do Perceptron era atuar com o reconhecimento de padrões, empregando o uso de pesos e outras características que foram incorporadas nas redes neurais atuais. A solução de Rosenblatt apresentava somente uma camada e classificava os valores de entrada entre aqueles pertencentes a uma das duas classes cadastradas. Sendo esta uma limitação do Perceptron: a de trabalhar conjunto de dados apresentando apenas duas possibilidades de saída.

Na Figura 1.4, vemos a representação de um Perceptron com suas camadas e funções internas.

Figura 1.4 – Perceptron

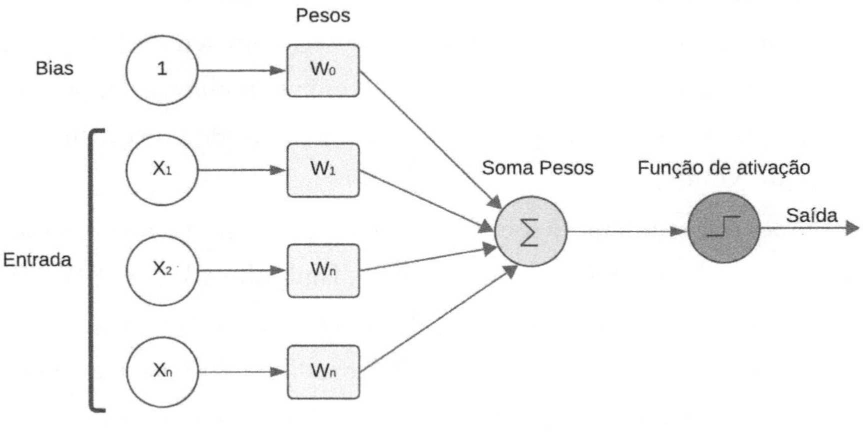

Fonte: Elaborada pelo autor, 2025.

No ano seguinte, em 1959, Bernard Widrow (1929-) e Marcian Hoff (1937-), engenheiros da Universidade de Stanford, publicaram um trabalho que considera redes neurais artificiais mais evoluídas daquelas que utilizam apenas o Perceptron. Em sua solução existiam unidades de saída com funções de transferência lineares.

Widrow e Hoff introduziram um novo conceito que foi chamado de regra de Widrow-Hoff, ou algoritmo *Least Mean Square* (LMS). Esta rede neural ficou conhecida como **Adaline** (do inglês *ADAptive LINear Element*).

Em seguida, surgiu a primeira rede neural artificial, a **Madaline**, que utiliza múltiplos elementos Adaline. A proposta da Adaline era a de também identificar padrões binários e atuar com previsibilidade, estimando para uma determinada entrada qual deveria ser o próximo valor.

Em 1964, surgiu o **Eliza**, desenvolvido por Joseph Weizenbaum (1923-2008), sendo o primeiro *chatbot* do mundo. Um *chatbot* é um programa de computador que consegue conversar com seres humanos utilizando linguagem natural, no caso de Eliza, utilizava palavras-chave.

A evolução das redes neurais corria bem, até que em 1969 os matemáticos Marvin Minsky (1927-2016) e Seymour Papert (1928-2016) analisam o Perceptron matematicamente e, com isso, conseguiram demonstrar que, apesar da proposta, o modelo não conseguiria resolver problemas importantes, por exemplo, situações em que fosse necessário o uso de processamento de operadores XOR.

Após essa constatação sobre o Perceptron, ocorreu uma estagnação na pesquisa de redes neurais, até que, em 1974, Paul John Werbos (1947-1994) descreveu o algoritmo de treinamento de uma rede neural artificial por meio de retropropagação ("*backpropagation*"), possibilitando que redes neurais com múltiplas camadas pudessem ter capacidade de aprendizado.

Ao longo dos anos, outros estudos foram sendo publicados, porém somente duas décadas depois, em 1979, é que surgiu um trabalho de relevância para a história, o **Neocognitron**, apresentado pelo cientista da computação Kunihiko Fukushima enquanto trabalhava na NHK Science & Technical.

O **Neocognitron** é uma rede neural artificial hierárquica de múltiplas camadas que tinha a capacidade de reconhecer padrões visuais por meio do aprendizado. Uma das tarefas executadas pelo Neocognitron foi no reconhecimento de caracteres manuscritos, além da identificação de outros padrões. Vemos como o Neocognitron atuava com imagens na Figura 1.5.

Figura 1.5 – Neocognitron

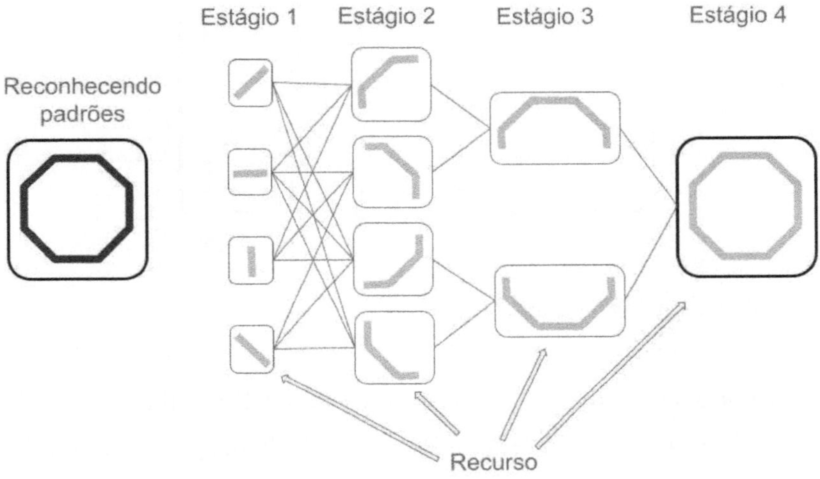

Fonte: Elaborada pelo autor, 2025.

Em 1982, ocorreu outro evento com impactos na história das redes neurais, gerados pela apresentação de um documento de John Hopfield, da Caltech, para a Academia Nacional de Ciências. Em seus escritos, Hopfield apresentou maneiras de criar dispositivos utilizando as redes neurais.

Em 1985, os pesquisadores Geoffrey Hinton (1947-) e Terrence Joseph Sejnowski (1947-) desenvolveram a **Máquina Boltzmann**, que recebeu este nome como homenagem ao cientista austríaco Ludwig Boltzmann. Ela era um tipo de rede neural recorrente na qual os neurônios assumem apenas valores binários:

Figura 1.6 – Máquina de Boltzmann

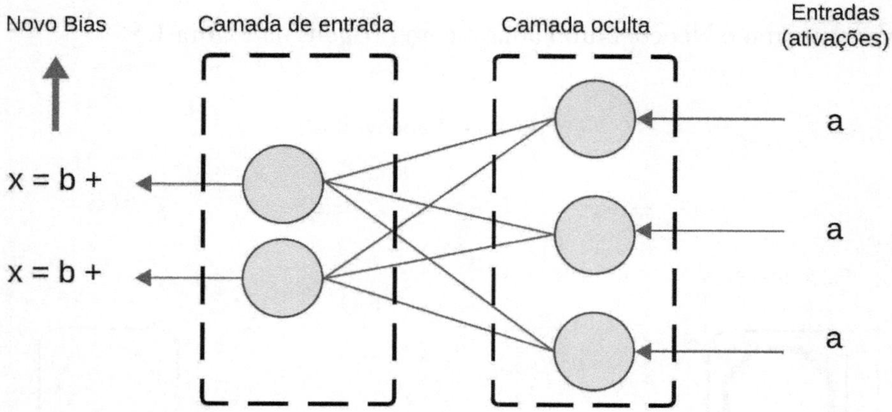

Fonte: Elaborada pelo autor, 2025.

No ano seguinte, em 1986, David Everett Rumelhart (1942-2011), Geoffrey Everest Hinton (1947-) e Ronald J. Williams propuseram o Multilayer Perceptron, uma rede neural multicamadas que utilizava o Perceptron.

As diferenças existentes entre esta solução e o Perceptron são as funções de ativação não serem lineares, mas sim diferenciáveis, permitindo trabalhar com valores de neurônios não binários.

Também em 1986, David Rummelhart introduziu o conceito de Redes Neurais Recorrentes (RNN). As RNN permitem melhorar uma rede, principalmente quando se trabalha com dados sequenciais.

A divisão da rede neural recorrente em três camadas pode ser vista na Figura 1.7:

Figura 1.7 – Redes neurais recorrentes

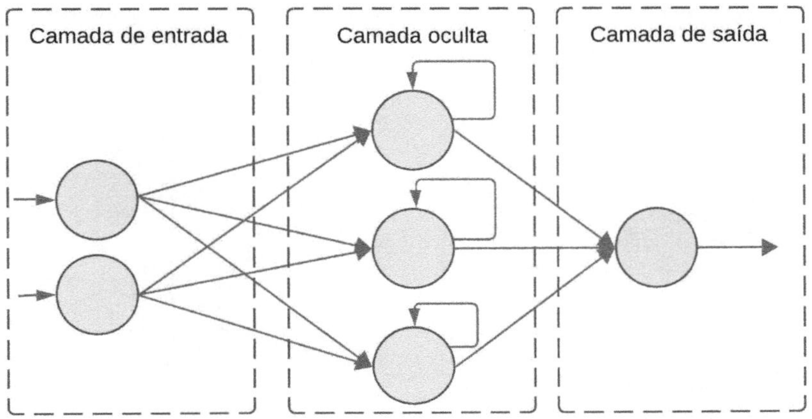

Fonte: Elaborada pelo autor, 2025.

Em 1987, ocorreu a primeira Conferência Internacional sobre Redes Neurais do Institute of Electrical and Electronic Engineers (IEEE), demonstrando a importância e a seriedade com que o assunto estava sendo tratado.

Em seguida, em 1992, Juyang Weng introduz o método Cresceptron, utilizado com a finalidade de reconhecer objetos 3D existentes em cenas desorganizadas.

As Redes Neurais Recorrentes de Longa Memória (*Long Short Term Memory* – LSTM) foram apresentadas em 1997 pelos cientistas da computação alemães Sepp Hochreiter (1967-) e Jürgen Schmidhuber (1963-). A LSTM tinha como base as RNN, porém com o uso da memória melhorado, conseguindo assim solucionar parcialmente o problema do gradiente evanescente.

A característica de ser recorrente fez com que essa rede se sobressaísse em relação às demais soluções da época. Na Figura 1.8, vemos a sua representação.

Figura 1.8 – Redes neurais recorrentes de longa memória

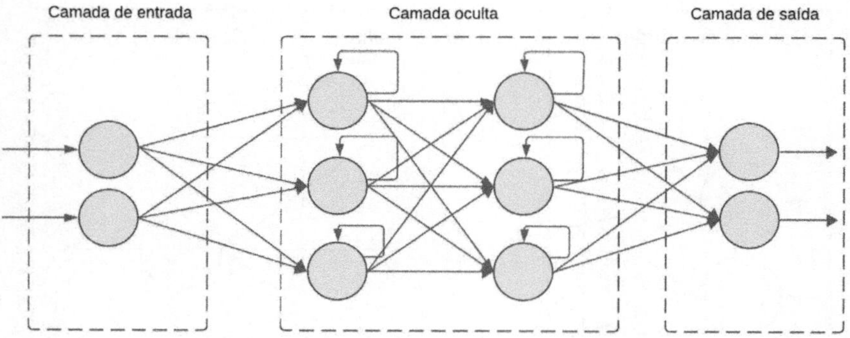

Fonte: Elaborada pelo autor, 2025.

Já em 1998, Yann LeCun (1960-) anuncia a LeNet-5, uma rede neural convolucional. As redes neurais convolucionais (do inglês *Convolutional Neural Network* – CNN) são preparadas para trabalhar com dados de imagem – conseguem reconhecer padrões em imagens por meio da aplicação de filtros.

Temos um exemplo de como o tratamento de imagem funciona na rede convolucional na Figura 1.9. A última etapa, totalmente conectada, é que realiza a compreensão do que foi identificado na imagem.

Figura 1.9 – Rede neural convolucional

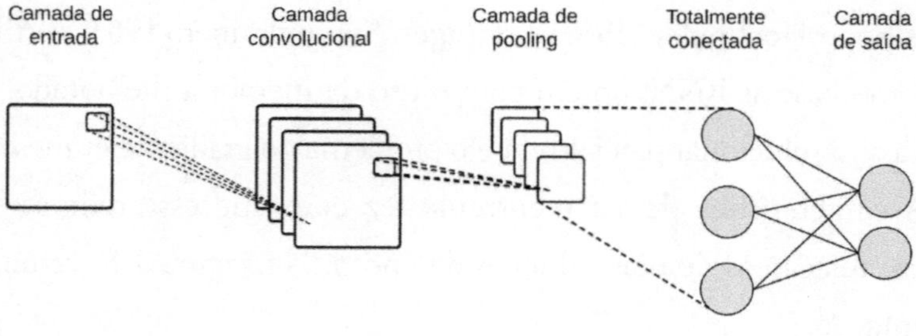

Fonte: Elaborada pelo autor, 2025.

Apesar de já existirem as redes neurais recorrentes e convolucionais, somente em 2006 é que o termo Aprendizado Profundo (*deep learning*) foi introduzido por Geoffrey Hinton e Ruslan Salakhutdinov, sendo então uma nova área do aprendizado de máquina, que faz parte da composição da inteligência artificial e utiliza redes neurais artificiais com várias camadas ocultas.

A concepção de ter uma rede neural com várias camadas internas é o diferencial das redes profundas com as demais até o momento vistas. Na Figura 1.10 vemos sua representação.

Figura 1.10 – Rede neural profunda

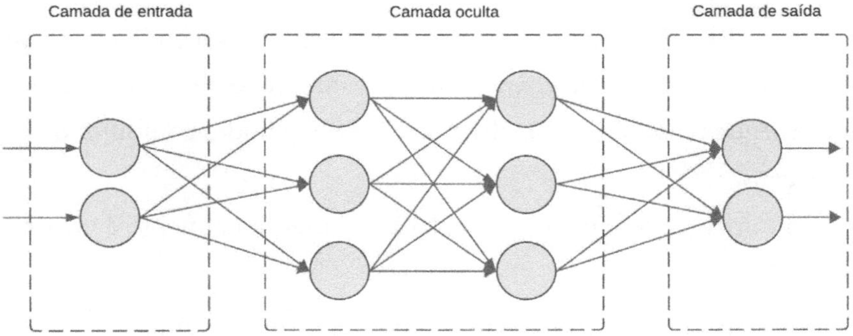

Fonte: Elaborada pelo autor, 2025.

O ano de 2009 foi importante para o uso das redes neurais, pois foi identificado que, quando se utiliza como entrada um conjunto de dados de considerável volume, não é preciso treinar as redes neurais, e a taxa de acerto é muito boa.

Outro evento que ocorreu em 2009 foi o lançamento do **Waymo**, o projeto de carro autônomo do Google que foi testado na cidade de Phoenix, no Arizona, nos Estados Unidos da América. O Waymo utiliza sensores para conseguir identificar o caminho e os obstáculos existentes no cenário real.

Em 2011, o computador **Watson** DeepQA da IBM conseguiu vencer os dois maiores campeões humanos em um jogo de perguntas e respostas de um programa de TV chamado Jeopardy. O nome Watson foi em homenagem ao primeiro CEO da IBM, Thomas J. Watson Sr, e o computador conseguia compreender questões colocadas em linguagem natural e respondê-las com muito mais precisão do que qualquer tecnologia de pesquisa padrão e sem estar conectado à Internet.

Nesse mesmo ano de 2011, ocorreu o lançamento do **SIRI** pela empresa Apple. O **SIRI** é um assistente pessoal que reconhece a fala e realiza tarefas simples. Foi integrado no iPhone 4S e se tornou parte do sistema operacional da Apple, o iOS.

Em 2012, Alex Krizhevsky, Ilya Sutskever (1986-) e Geoffrey Everest Hinton (1947-) desenvolveram o AlexNet, uma rede neural convolucional que consegue reconhecer e analisar padrões em grandes conjuntos de dados de imagens.

A forma como a imagem é tratada tridimensionalmente é vista na Figura 1.11.

Figura 1.11 – Representação da funcionalidade da AlexNet

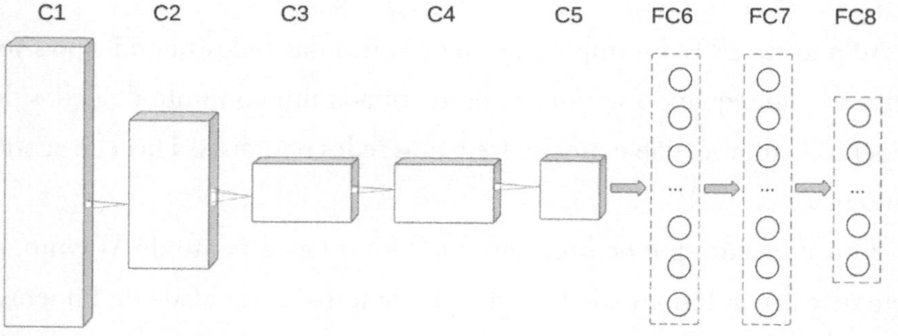

Fonte: Elaborada pelo autor, 2025.

Em 2014, ocorreram três eventos relevantes para as redes neurais artificiais, o primeiro, como já vimos, foi o surgimento do *chatbot* **Eugene**, de Eugene Goostman, que conseguiu a proeza de passar no teste de Turing fazendo com que outras pessoas acreditassem se tratar de um adolescente humano de 13 anos de idade.

Ainda em 2014, o Google comprou a empresa de inteligência artificial DeepMind, do Reino Unido. Por meio desta aquisição, o Google desenvolveu o algoritmo: **AlphaGo**. Este algoritmo consegue interagir com o complexo jogo de tabuleiro Go e, em 2016, consegue vencer o campeão mundial de Go, Lee Sedol, em um torneio ocorrido em Seul.

Figura 1.12 – Tabuleiro do jogo Go

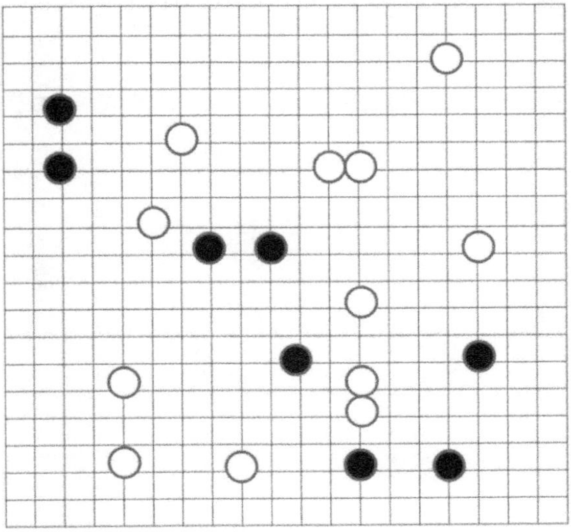

Fonte: Elaborada pelo autor, 2025.

Por fim, Ian J. Goodfellow (1987-) projetou, em 2014, as *Generative Adversarial Networks* (GAN), podendo ser traduzidas como redes adversárias generativas. Uma GAN pode criar novos dados e informações com as mesmas estatísticas dos dados de treinamento.

A GAN tem como propósito principal utilizar duas redes que competem entre si. Uma rede é o Gerador, a qual cria novos dados, já a segunda rede é o Discriminador, em que são mostrados e gerados os dados reais, e é ele quem decide a que categoria pertencem, melhorando, assim, a qualidade dos dados gerados.

Em 2015, o cientista de dados Olaf Ronneberger criou a **U-Net,** uma rede neural convolucional que apresentava uma estratégia de rede e treinamento que pode ser treinada a partir de poucas imagens e ainda superar o melhor método da época: uma rede convolucional de janela deslizante. Além de usar poucas imagens, era mais rápida, ampliando as possibilidades de uso das CNN. A arquitetura da U-Net é vista na Figura 1.13.

Figura 1.13 – Arquitetura da U-Net

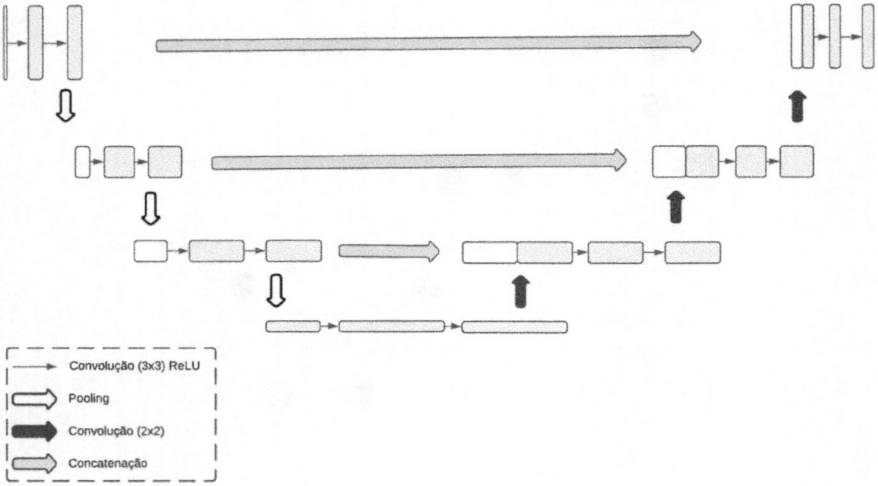

Fonte: Elaborada pelo autor, 2025.

Outras evoluções quanto ao conceito das redes neurais ocorreram, cada uma apresentando melhorias significativas que foram aos poucos incorporadas nas aplicabilidades das redes neurais. Por exemplo, em 2017, Geoffrey

Hinton, junto a Sara Sabour e Nicholas Frosst, apresentou a **Capsulenet**, uma nova proposta de rede neural chamada Rede Cápsula, que apresenta melhores resultados para tarefas específicas do que a CNN.

Ainda em 2017, uma equipe da Google chamada de Google Brain apresentou o modelo **Transformers**, que é uma rede neural que consegue aprender o contexto, e com isso entender o relacionamento existente em dados sequenciais, como, por exemplo, as palavras existentes em textos.

Já em 2018, ocorreu uma evolução do Transformers por meio do BERT (*Bidirecional Encoder Representations from Transformers* – Representações de Codificador Bidirecional de Transformadores), apresentado por Jacob Devlin com outros pesquisadores do Google. O BERT é um modelo de linguagem baseado na arquitetura do Transformers, que apresenta grande melhoria com relação aos modelos anteriores utilizados para atuar com o processamento de linguagem natural (PLN).

Como resultado do uso do Transformers da Google, em 2020, ocorreu o lançamento pela OpenAI do *Generative Pre-trained Transformer* 3 (GPT-3), que utilizou a arquitetura Transformers para redes neurais. Com o uso do **GPT** é que foi desenvolvido o **ChatGPT**, que é uma ferramenta de PLN que permite gerar conversas similares às dos seres humanos com o *chatbot*.

Em 2022, surgiu o **Stable Diffusion**, originário de pesquisas provenientes da Universidades Ludwig Maximilian, de Munique e de Heidelberg, na Alemanha. O **Stable Diffusion** é um modelo de inteligência artificial generativa (IA generativa) que recebe um *prompt* de texto como entrada e consegue produzir imagens realistas a partir dele.

Muito se evoluiu ao longo das décadas. Apesar de o livro ser focado nas redes neurais, é importante salientar que o estado atual da inovação tecnológica depende também de outras evoluções que ocorreram em paralelo, como as melhorias na conectividade, no armazenamento de dados e no processamento de informações.

Todos esses fatores compõem o estado da arte com que nos deparamos hoje, com a possibilidade de utilizar as técnicas mais avançadas de inteligência artificial em computadores pessoais com acesso à internet.

Nos próximos capítulos iremos compreender as principais tecnologias e os conceitos associados com as redes neurais, e também como podemos utilizá-las em determinadas tarefas.

1.3 Conclusões

A humanidade está vivenciando uma evolução muito rápida das tecnologias associadas com inteligência artificial. É importante esclarecer que essas ideias inovadoras não surgiram tão recentemente quanto muitas vezes é possível acreditar.

Elas foram o produto de inúmeros estudos e pesquisas advindo do interesse da humanidade em querer desenvolver um mecanismo que consiga reproduzir o raciocínio humano.

Diversas contribuições foram sendo perpetradas por grandes pesquisadores, dentre elas, neste capítulo, listamos as principais contribuições, porém devemos ressaltar que muitas outras pesquisas e descobertas também ocorreram, as quais foram importantes para a evolução tecnológica em si. Contudo, acabaram sendo acobertadas por eventos de maior importância.

A história das redes neurais e sua evolução retrata bem o interesse e a superação humana em querer alcançar seus objetivos. Com isso, conseguem obter resultados impactantes que alteram todo o rumo da humanidade.

Capítulo 2

Redes Neurais Biológicas

2.1 Introdução

A capacidade humana de se comunicar, criar, interagir com o ambiente ou até mesmo fazer cálculos e somas é proveniente de sua capacidade cerebral. O cérebro e seu funcionamento têm gerado discussões e investigações há muito tempo, não somente por controlar o corpo, mas também por guardar os acontecimentos em memória e, com isso, ter a capacidade de utilizá-los conforme o interesse do usuário.

Existem indícios de que os homens pré-históricos já tinham noção da importância do cérebro para o corpo humano, no caso são crânios que apresentam perfurações, trepanação, feitas em pessoas vivas com o intuito de curar alguma doença que afligia o corpo. Essas informações já indicam o quão antigo é o interesse da humanidade pelo conhecimento dos órgãos do corpo.

2.2 Evolução do conhecimento

Há praticamente 4 mil anos, no Egito antigo, foram encontradas evidências de que os médicos da época já possuíam conhecimento sobre lesões cerebrais, além de reconhecerem seus sintomas e consequências das mesmas. Estes relatos foram identificados em 1822, quando o americano Edwin Smith traduziu papiros que continham diversos apontamentos sobre estudos e tratamentos usados pelo sumo sacerdote Imhotep, considerado o patrono dos médicos do Egito.

Isso é muito importante quando associamos essa informação ao trabalho da mumificação, pois, no ato de preservar o corpo e órgãos internos importantes para a vida após a morte, somente o coração era preservado internamente, todos os demais órgãos eram removidos cirurgicamente, inclusive o cérebro, o qual era removido pelas narinas por meio da introdução de instrumentos aquecidos que o liquefaziam e então ceifavam a massa encefálica mais facilmente.

O motivo de manter o coração no corpo era que se acreditava que todas as emoções vividas pela pessoa ficavam armazenadas nele e que o coração seria o guia para a outra vida, ou seja, não tinham ainda a compreensão de qual era a finalidade do cérebro.

No século V a.C., viveu Alcmeão de Crotona, na Itália, cujos estudos contribuíram em muito com a medicina, principalmente quanto aos estudos do cérebro. Alcmeão relacionou o cérebro como o órgão responsável pela percepção dos sentidos, para isto ele identificou, mediante dissecação, que algumas vias sensoriais terminavam no encéfalo. Além disso, também chegou à conclusão de que o cérebro é o responsável pelo pensamento.

Muitos estudos sobre a anatomia humana surgiram naqueles séculos, nos quais podemos mencionar o grego Hipócrates, que viveu de 460 a.C. até 370 a.C., e é conhecido como o Pai da Medicina devido aos seus estudos e conclusões, e também outro grego, Aristóteles (384 a.C.-322 a.C.).

Ambos tiveram muito impacto nos conceitos da medicina moderna, e os estudos estavam avançando até que, devido à expansão do Império Romano, e depois com a disseminação do Cristianismo, a prática da dissecação de cadáveres se tornou proibida, travando os avanços das pesquisas e a compreensão do funcionamento do corpo humano.

Somente na fase do Renascimento, que surgiu na Itália no século XIV e foi até o século XVII, é que os estudos sobre a anatomia humana e a função do cérebro foram retomados.

A dissecção humana voltou a ocorrer na cidade de Bolonha, Itália, pelo médico cirurgião Mondino de Liuzzi (1270-1326), que, por meio de seus estudos, identificou que as atividades motoras e sensoriais se encontravam no sistema ventricular, que são uma rede de cavidades ventriculares existentes dentro do cérebro.

Graças aos estudos de Liuzzi, foi elaborado um tratado de anatomia humana, sendo referência na área por mais de dois séculos e meio. Apesar das contribuições, Liuzzi não atuou diretamente na compreensão do cérebro.

No século XVI, nasceu Andreas Vesalius (1514-1564), professor de anatomia e cirurgia na Universidade de Pádua – considerado o maior anatomista da renascença. Vesalius conseguiu comprovar, mediante formas de realizar os cortes, que o sistema ventricular encontrado em humanos era muito similar ao encontrado em outros animais. Esta constatação gerou novos conceitos que se sobrepuseram ao que era considerado anteriormente, iniciando um novo momento no estudo e na compreensão da anatomia humana.

A ligação entre o cérebro e a medula foi identificada por Costanzo Varolio (1543-1575), que conseguiu extrair o cérebro completo por um corte paralelo na base do crânio, conseguindo separar o encéfalo da caixa craniana.

As técnicas de dissecação e anatomia estavam se tornando mais apuradas, e o interesse em compreender melhor toda a estrutura do corpo humano estava aumentando. Ao longo das décadas seguintes, toda a estrutura física do cérebro foi sendo mapeada, até que iniciou um novo interesse em entender como era o seu funcionamento.

Foi nesse estágio da humanidade que Blaise Pascal (1623-1662) apresentou a primeira calculadora que fazia somas e subtrações, sendo chamada de **Pascalina**.

Em 1640, o filósofo e matemático francês René Descartes (1596-1650) apresentou uma carta em que indicava que a glândula pineal era a morada da alma. Uma indicação de como era o pensamento vigente naquela época, em que se acreditava que a alma controlava o pensamento e a personalidade dos seres humanos.

Em resumo, Descartes apresentou que o ser humano era um conjunto corpo-alma, no qual tínhamos a integração entre o corpo, com as funções fisiológicas, e a mente, com funções psicológicas. Esta afirmação deve-se à sua consideração de que o cérebro o detentor das faculdades mentais.

Um livro que causou grande influência nos estudos do cérebro humano foi publicado em 1664, de autoria do médico inglês Thomas Willis (1621-1675). O título do livro era **Cerebri anatomie** (Anatomia cerebral). Utilizando técnicas de dissecação associadas com pesquisas e observações, Willis apontou que a divisão do cérebro em dois hemisférios (direito e esquerdo) apresentou funções distintas associadas com o corpo humano e suas ações, além do que o corpo caloso, estrutura encontrada no interior do cérebro, seria o responsável pela imaginação.

Graças ao trabalho de Willis foi reconhecida a importância do córtex cerebral, sendo o responsável pelas funções mentais. Seus estudos alavancaram a importância do cérebro humano, e passaram a ter extrema importância, tornando Willis reconhecido como o pioneiro da neurociência clínica.

Seguindo os passos de Willis, o médico anatomista alemão Franz-Joseph Gall (1758-1828) apontou que as faculdades mentais se encontravam em determinadas regiões do cérebro, sendo as suas regiões muito bem localizadas. Como faculdades podemos ter as percepções dos sentidos, o pensamento e a memória.

Gall publicou um trabalho em 1810 intitulado "Anatomia e fisiologia do sistema nervoso em geral e do cérebro em especial", sendo um marco para os estudos do cérebro, pois Gall conseguiu relacionar as estruturas corticais com as faculdades mentais.

Johann Spurzheim (1776-1832), aprendiz de Gall, tornou conhecido o termo frenologia, que se refere à localização cerebral proposta por Gall, com isso sendo produzidos mapas de localização referentes ao cérebro.

Uma integração entre a anatomia e a fisiologia, ou seja, entre o estudo do que está morto vinculado com o que está vivo, ocorreu graças a Félix Vicq d'Azyr (1748-1794), que estudou as relações entre o cérebro com suas funcionalidades.

Então Luigi Rolando (1773-1831) apresentou uma nova teoria quanto à organização funcional do cérebro, conseguindo identificar relações topográficas associadas com as funções cerebrais.

O neurologista francês Jean Baptiste Bouillaud (1796-1881) realizou experimentos vinculados à fala e associados com a teoria da localização. Suas teorias e propostas foram validadas pelo cirurgião e anatomista francês Paul Broca (1824-1880), que, em 1861, conseguiu descrever o cérebro de um paciente que se encontrava internado no hospital da Salpêtrière devido a um distúrbio grave de fala. Broca constatou que uma parte do cérebro frontal inferior do paciente estava destruída.

Como consequência de suas descobertas, Broca conseguiu identificar e localizar uma parte do córtex cerebral, que é responsável por apresentar uma função da linguagem, com isto embasando a teoria localizacionista.

O médico italiano Luigi Galvani (1737-1798) realizou estudos nos quais descobriu a natureza elétrica existente no impulso nervoso. A bioeletricidade foi identificada por meio de experimentos envolvendo choques elétricos aplicados no nervo de uma rã, os quais faziam com que ocorresse uma contração de sua pata. Futuramente esta descoberta foi utilizada para identificar que os neurônios transmitem informações por meio de impulsos elétricos.

Em torno de 1850, o anatomista alemão Joseph von Gerlach (1820-1886), foi o pioneiro da histologia, desenvolvendo técnicas que possibilitassem o estudo da estrutura fina dos tecidos pelo uso de coloração em cortes histológicos. Von Gerlarch obteve pela primeira vez imagens claras de um neurônio.

Graças aos trabalhos de Broca, Hitzig (1838-1907) e Fritsch (1843-1891), conseguiram localizar e identificar o córtex motor, o qual foi crucial para que Ferrier (1843-1928) pudesse dar início a experimentos que empregassem a estimulação cortical, atividade importante para a neurociência.

Outro ponto de interesse foi o trabalho do médico italiano Camillo Golgi (1843-1926), que tentou visualizar a estrutura de neurônios mediante o uso de corantes de prata. A coloração de Golgi, como ficou conhecido o processo, foi definida em 1870, por meio da qual era possível preparar e examinar células nervosas.

Esse procedimento foi o ponto de partida para que Golgi estipulasse uma teoria quanto ao sistema nervoso, a qual consistia em que ele era constituído por uma rede de células nervosas interconectadas. Esta teoria ficou conhecida como teoria do retículo neural de Golgi.

Uma nova frente de pesquisas foi iniciada, focada em estudar e pesquisar a constituição do cérebro humano. Uma das pesquisas que se destacaram foi a de Alfred Campbell (1868-1937), que estudou e apresentou o comparativo entre as regiões do córtex quanto a sua anatomia microscópica, também conhecida como histologia.

O histologista espanhol Santiago Ramón y Cajal (1852-1934) fez um experimento em que aplicava a coloração de Golgi em diferentes partes do cérebro, estudando microscopicamente como era a formação encontrada. Dessa forma, Cajal conseguiu negar a teoria do retículo neural de Golgi, que afirmava que os neurônios eram uma rede contínua. A nova teoria propunha que os neurônios eram células distintas que compunham o sistema nervoso.

Um novo estágio nos estudos do cérebro foi iniciado, no qual se considerava que ele era composto por dezenas de milhares de neurônios que se encontravam conectados entre si.

Em 1863, Otto Friedrich Karl Deiters (1834-1863) conseguiu estudar e apresentar como era a constituição celular do sistema nervoso. Deiters também desenvolveu técnicas de microdissecção, conseguindo separar os neurônios para serem vistos por um microscópio, obtendo os melhores registros de neurônios até o momento.

Por meio dessas descobertas, conseguiram verificar a composição do neurônio, o qual apresenta duas ramificações com outras células; um lado que apresentava diversos ramos finos e curtos e o outro lado com uma fibra longa e grossa, porém com menor número de ramos.

As nomenclaturas dessas estruturas foram definidas somente em 1889 pelo anatomista suíço Wilhelm His (1831-1904), que chamou de "dendritos" a parte com muitos ramos finos e, depois, em 1896, o anatomista alemão Rudolph Albert von Kölliker chamou a outra extremidade de "axônios". Esta célula foi chamada de neurônio em 1891, por Heinrich Wilhelm von Waldeyer-Harz (1836-1921).

Em seus estudos, Deiters indicou que aparentava que as terminações dos dendritos se fundiam com os axônios de células diferentes, formando uma ponte entre as células.

Os alemães Emil du Bois-Reymond e Julius Bernstein identificaram os impulsos nervosos, e, então, Gerlach apresentou a teoria de que os impulsos nervosos utilizam filamentos para se propagar entre as células. Com isso, constatou-se que o cérebro era constituído de uma gigantesca rede na qual os neurônios estavam conectados entre si.

Quanto ao comportamento, em 1848, ocorreu o acidente de Phineas Gage (1823-1860), no qual sua cabeça foi trespassada por uma barra de ferro, que perfurou o cérebro, causando danos no lobo frontal, o que ocasionou mudanças na personalidade de Gage. Na época ele foi operado por John Harlow, que estudou e publicou o caso.

Ocorreu também a contribuição de Oskar (1870-1959) e Cecile Vogt (1875-1962), cujos estudos foram revistos posteriormente por Constantin von Economo (1876-1931) e Georg Koskinas (1885-1975), definindo um mapa de áreas corticais em que estudaram as formas dos neurônios.

A somatória de todos esses conhecimentos foi gerando uma compreensão sobre como o cérebro funciona, como as informações sobre os sentidos chegam até a massa encefálica e como ela reage. Porém os conhecimentos obtidos ainda eram referentes à fisiologia do cérebro e como recebia os sinais das demais partes do corpo. Não tinham um entendimento de como formamos os pensamentos e as ideias porque elas eram muitas vezes associadas com a alma.

Vemos a constituição do cérebro mediante a ligação de milhões de neurônios na Figura 2.1.

Figura 2.1 – Rede neural biológica

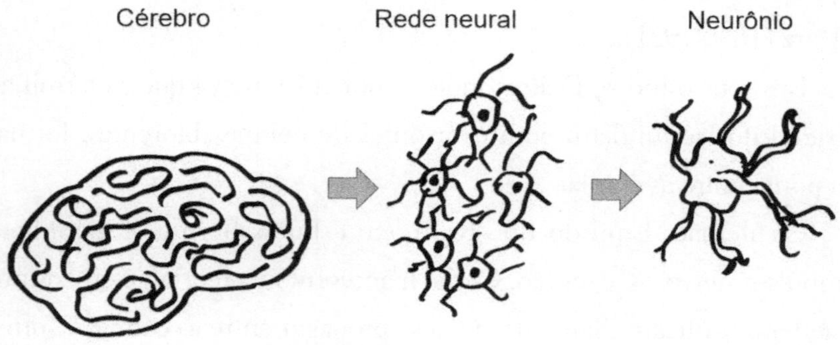

Fonte: Elaborada pelo autor, 2025.

Anos depois, em 1950, o neurocirurgião canadense Wilder Peinfeld (1891–1976) realizou um trabalho que melhorou o entendimento do cérebro. Ele utilizou eletrodos e conseguiu cartografar várias regiões do córtex cerebral, identificando que a superfície contém representações de todo o corpo, gerando o homúnculo de Peinfeld.

Nos anos seguintes, outras formas de visualizar o cérebro em funcionamento foram sendo descobertas. O avanço da tecnologia propiciou novas compreensões sobre a massa encefálica.

A identificação de que o cérebro atuava em diferentes formas, dependendo do hemisfério analisado, se o direito ou o esquerdo, só foi possível devido ao uso de três tipos de tomografia: a computadorizada, a ressonância magnética e, por fim, a tomografia por emissão de pósitrons (*Positron Emission Tomography* – PET).

Em 1954, três pesquisadores – George Palade, Eduardo de Robertis e George Palay – conseguiram visualizar toda a estrutura sináptica de um neurônio. Para que isso acontecesse, eles utilizaram um microscópio eletrônico com grande poder de aumento associado com coloração e técnicas de ultramicrotomia. Como resultado de seu trabalho, eles demonstrarama composição de um neurônio, como a existência de partes pré-sinápticas e pós-sinápticas assim como a fenda sináptica.

A constituição do sistema nervoso é encontrada no organismo em uma rede de comunicações intrinsecamente interligada, formando um tecido nervoso que recobre todo o corpo.

Por meio dessas e outras pesquisas, foi identificado que o sistema nervoso do corpo humano pode ser dividido em duas partes, o Sistema Nervoso Central (SNC) e o Sistema Nervoso Periférico (SNP). A diferença entre eles pode ser vista na Figura 2.2.

Figura 2.2 – Sistemas nervoso central e periférico

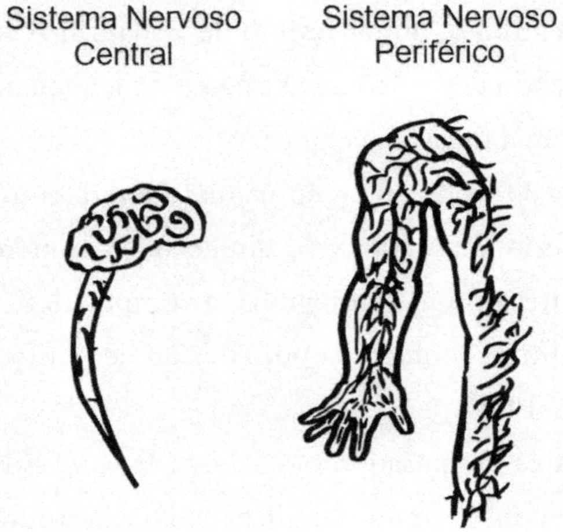

Fonte: Elaborada pelo autor, 2025.

A distinção entre esses dois sistemas é simples. O SNC é formado pela massa encefálica e pela medula espinhal, já o SNP trata de todas as demais partes do sistema nervoso que se encontram fora do SNC. O SNP é composto tanto por nervos quanto por gânglios nervosos.

2.3 Neurônio biológico

O neurônio é uma célula nervosa que forma o sistema nervoso, sendo células muito estimuláveis que conseguem processar informações mediante a transmissão de informações por meio de sinais eletroquímicos. Eles conseguem gerar impulsos nervosos por meio de suas membranas plasmáticas, gerando pulsos de informações que chegam até o cérebro.

Grande parte dos neurônios apresentam a seguinte composição:

- **Corpo celular:** parte central da célula onde se encontram o núcleo e demais organelos constituintes da célula.
- **Dendrites:** encontram-se em uma das extremidades do corpo celular do neurônio, apresentando prolongamentos finos que podem apresentar ramificações que conduzem e recebem os estímulos eletroquímicos.
- **Axônio:** normalmente é o prolongamento mais longo encontrado em um neurônio, tendo como função transmitir os impulsos nervosos oriundos do corpo celular. Podemos encontrar axônios cobertos por uma bainha isolante de mielina nos animais vertebrados e em alguns animais invertebrados, com isso caracterizando-o como fibra nervosa.

A visualização de um neurônio biológico com suas partes é apresentada na Figura 2.3.

Figura 2.3 – Neurônio biológico

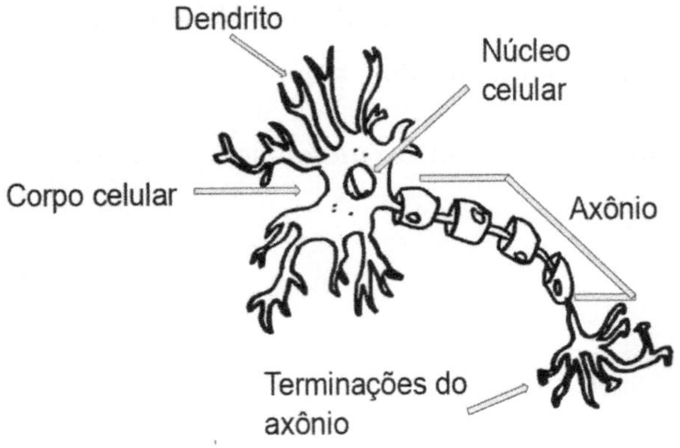

Fonte: Elaborada pelo autor, 2025.

Nas terminações dos axônios encontramos ramificações que são chamadas de terminais sinápticos (ou sinapses). Essas estruturas se encontram conectadas com os dendrites ou corpo celular de outros neurônios, e têm como função a liberação de substâncias químicas chamadas de neurotransmissores que, quando atingem uma determinada quantidade de substância, geram impulsos nervosos, os quais realizam a comunicação entre os neurônios.

Essa comunicação ocorre mediante uma diferença de potencial elétrico que existe entre as superfícies externa e interna da membrana celular do neurônio – a este evento chamamos de potenciais de ação (PA). Com isso, os neurônios conseguem interagir com os estímulos nervosos recebidos.

Podemos classificar os neurônios mediante sua morfologia da seguinte maneira:

a) **Neurônios unipolares:** apresentam somente um axônio.

b) **Neurônios bipolares:** apresentam um dendrito e um axônio.

c) **Neurônios multipolares:** apresentam muitos dendritos e um axônio.

d) **Neurônios pseudounipolares:** apresentam somente um prolongamento partindo do corpo celular que depois se divide em dois, onde uma das partes é o dendrito e a outra é o axônio.

Na Figura 2.4, vemos uma representação dos tipos de neurônios.

Figura 2.4 – Tipos de neurônios

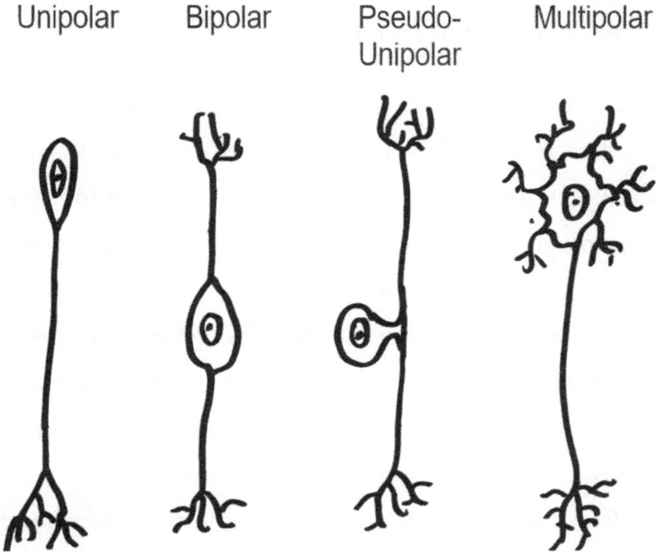

Fonte: Elaborada pelo autor, 2025.

Todos esses estudos ampliaram a compreensão de como o cérebro humano funciona, porém, apesar de obter o conhecimento do cérebro fisiológico e de sua anatomia, não havia clareza de como o aprendizado ocorria. Dessa forma, é necessária outra abordagem para compreender como conseguimos falar, memorizar e raciocinar.

Muitos estudos foram feitos sobre os neurônios, conseguindo identificar que eles apresentam funcionalidades diferentes, podendo ser classificados conforme estas funções:

a) **Neurônios sensoriais:** são os neurônios que recebem os estímulos e os encaminham para o sistema nervoso central, também chamados de neurônios aferentes.
b) **Neurônios interneurônios:** fazem as conexões entre um neurônio e outro, compondo a rede de comunicação dos neurônios.

c) **Neurônios motores:** conduzem os impulsos do sistema nervoso central para as demais partes do organismo. Podem ser chamados também de neurônios eferentes.

Todo esse conhecimento de como é o funcionamento dos neurônios, em que parte da massa encefálica ficam os neurônios responsáveis por realizar cálculos, identificar imagens ou sons e sonhar, é muito importante para compreender o quão complexo é o cérebro. Porém, não é claro como pensamos, raciocinamos ou criamos coisas novas.

Para ter uma ideia da dimensão que é o cérebro, em 2009, a neurocientista Suzana Herculano-Houzel apresentou um modelo do cérebro humano que continha 86 bilhões de neurônios que realizavam as conexões neurais mediante aproximadamente um quatrilhão de sinapses.

Além disso, foi identificada uma parte externa ao cérebro denominada córtex cerebral, a qual também é chamada de "massa cinzenta" devido a sua coloração. Foi identificado que o córtex cerebral é o órgão responsável pelo pensamento, pela linguagem, pela percepção e pelo movimento voluntário. Além disso, o cortéx pode ser separado em uma parte denominada neocórtex.

O neocórtex significa "novo córtex" ou "córtex mais recente". É a denominação que recebem todas as áreas mais evoluídas do córtex. Recebe este nome pois no processo evolutivo é a região do cérebro evoluída mais recentemente.

Já em 2017, um grupo de cientistas suíços apresentou uma complexa visão do neocórtex cerebral utilizando a técnica da topologia algébrica. Em seus estudos, mapearam as dimensões do órgão, identificando a composição de até 11 dimensões diferentes formadas por estruturas geométricas.

Ainda há muito a se aprender com os estudos do cérebro; contudo, as descobertas já realizadas demonstram o quão impressionantes são a massa encefálica e o poder dos neurônios. Além disso, o estudo apresentou a possibilidade de desenvolver meios para a criação de neurônios artificiais.

2.4 Conclusões

O interesse em saber como o corpo humano funciona, como conseguimos pensar, refletir, raciocinar faz parte da história da humanidade, remetendo a centenas de anos no passado.

Sem poder contar com os instrumentos necessários, muito se especulava sobre esse assunto, inclusive de qual parte do corpo era proveniente o surgimento da personalidade, as ideias. Foram feitas tentativas a fim de compreender qual a finalidade e como a massa encefálica operava.

Muitos estudos e diversas teorias foram necessários para chegarmos à compreensão de que o cérebro possui partes localizadas que são responsáveis pelo funcionamento e pela recepção dos sentidos. A necessidade de se aprofundar no conhecimento gerou novas técnicas e instrumentos que permitissem dissecar o corpo até chegar na célula nervosa.

A compreensão de como os neurônios estão conectados entre si e a forma como o cérebro os utiliza para identificar as sensações e os estímulos são uma área de estudos ainda a ser muito explorada. Por mais que a medicina e a tecnologia tenham evoluído, não temos a compreensão de como formamos efetivamente os pensamentos, armazenamos as informações e as resgatamos quando necessário.

Ainda há muito o que se pesquisar, temos muito que aprender com a máquina humana, porém, graças a esses estudos seculares, o ser humano conseguiu elaborar formas de reproduzir o funcionamento do cérebro por meios artificiais.

Capítulo 3

Redes Neurais Artificiais

3.1 Introdução

O conhecimento adquirido pela humanidade sobre o funcionamento do corpo e cérebro humanos auxiliou nas possibilidades de criação de sistemas elaborados que fossem similares.

Da mesma forma como a criação de braços robóticos foi inspirada nos braços humanos e as formas de segurar objetos similares às ações executadas por dedos, a compreensão de como armazenamos memória, como fazemos movimentos com as extremidades do corpo, foi fonte de grande influência.

Se utilizamos nossos corpos para serem fontes originárias de modelos criados por nós, o que poderíamos utilizar como exemplo a ser copiado para gerar um cérebro artificial? Computadores. O que mais se assemelhava com o potencial intelectual e lógico eram o computador e suas características tecnológicas.

Durante a Segunda Guerra Mundial, em 1943, teve início o projeto do primeiro computador eletrônico do mundo, sendo finalizado e apresentado em 1946. O *Electronic Numerical Integrator Analyzer and Computer* (ENIAC) foi um projeto desenvolvido pelos cientistas norte-americanos John Eckert (1919-1995) e John Mauchly (1907-1980).

Podemos traduzir o significado da sigla ENIAC como Computador e Integrador Numérico Eletrônico. Considerado um marco para a computação, era uma máquina gigantesca que pesava mais de 30 toneladas e ocupava uma área de $180m^2$, composto por mais de 70 mil resistores, 18 mil válvulas, cada uma com 160W de potência, gerando um consumo de energia de 200 mil watts.

Como foi um produto financiado pelo exército americano, o objetivo principal do ENIAC era realizar cálculos utilizados em trajetórias táticas que seriam percorridas, apresentando para isso a capacidade de processar 5 mil operações por segundo.

O conceito principal do ENIAC era executar uma função específica, ou seja, não apresentava um algoritmo completo. O seu funcionamento ocorria mediante o uso de cartões perfurados, os quais compunham o então sistema operacional da máquina, sendo que a operação dos cartões era feita por uma equipe do exército.

Surgiu então a arquitetura proposta pelo cientista matemático e engenheiro húngaro John von Neumann (1903-1957), que apresentou diversas contribuições para a computação, sendo uma das principais a arquitetura von Neumann.

A premissa de von Neumann era elaborar um computador que conseguisse executar programas que se encontrassem armazenados neles. O projeto intitulado Computador IAS iniciou em 1942 no Instituto de Estudos Avançados de Princeton.

Então em 1943 dois estadunidenses, o neurofisiologista Warren Sturgis McCulloch (1898-1969) e o cientista matemático Walter Harry Pitts (1923-1969), publicaram o artigo intitulado "A Logical Calculus of the Ideas Immanent in Nervous Activity", em português podemos traduzir como "Um cálculo lógico das ideias imanentes na atividade nervosa", no qual apresentaram um conceito de como poderiam representar o cérebro por meio de dispositivos computacionais.

Esse artigo de McCulloch e Pitts influenciou o trabalho de von Neumann quanto ao desenvolvimento de um computador eletrônico, o qual ocorreu em 1946 por meio da apresentação de um artigo referente ao Computador IAS, no qual foi definido o termo: **Arquitetura de Von Neumann**.

Figura 3.1 – Arquitetura de von Neumann

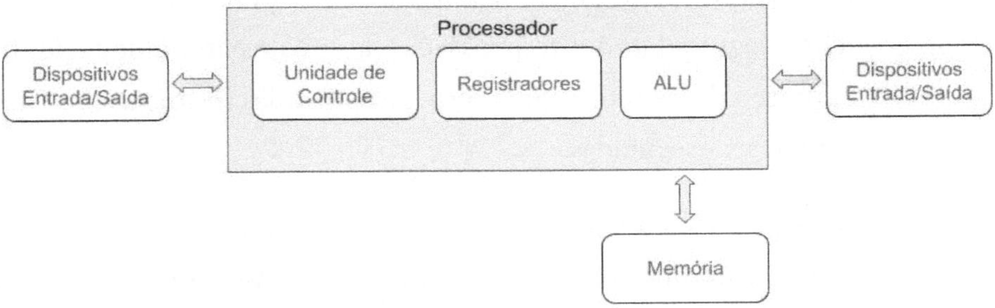

Fonte: Elaborada pelo autor, 2025.

Em seu estudo, von Neumann define que um computador deveria ter três pilares: um processador, uma memória primária e um conjunto de dispositivos de entrada e saída. A arquitetura de von Neumann é composta então por:

- Unidade de Processamento Central (*Central Processing Unit* – CPU).
- Sistema de memória.
- Sistema de entrada e saída.

A operacionalidade da arquitetura de von Neumann definia que o elemento central do computador era a Unidade de Processamento Central, na qual ocorreriam as execuções de cálculos, interpretações, atendendo a todas as requisições do computador.

Na proposta, a CPU apresentava três divisões principais que auxiliam no funcionamento, que são:

- Unidade de controle (*Control Unit* – CU): responsável por fazer com que todos os processos sejam executados de forma organizada e na ordem correta, realizando a busca de instruções na memória principal e ordenando-as.
- Unidade de lógica aritmética (*Arithmetic Logic Unit* – ALU): onde ocorriam as operações aritméticas como soma, subtração e também booleanas.
- Contador de programa (*Program Counter* – PC): também chamado de registrador, é o responsável por armazenar a referência do endereço da memória que possuía as próximas instruções que deveriam ser executadas.

O Sistema de Memória Principal era a unidade que armazenava as informações que seriam utilizadas pelo computador, no caso, os dados e os códigos do programa. Conforme proposto por von Neumann, essa memória era dividida entre primária e secundária.

A memória primária armazenava as instruções para que os programas pudessem ser executados, sendo responsável pela comunicação direta com a CPU, tanto para enviar informações quanto para receber. As mudanças dos dados armazenados eram grandes, pois eles eram removidos da memória quando eram processados.

Já a função da memória secundária era armazenar de forma mais duradoura as informações, sendo responsável por guardar os arquivos provenientes do usuário.

Por fim, temos o sistema de Entrada/Saída, unidade responsável por obter os dados de entradas para que pudessem ser utilizados internamente no computador e que mostrasse os resultados de saída do programa. Estes dispositivos são chamados de periféricos, pois se encontram externamente ao computador, podemos exemplificar com os teclados.

A arquitetura proposta por von Neumann ainda é encontrada atualmente em dispositivos que executam uma determinada operação sem que ela seja alterada, como, por exemplo, calculadoras eletrônicas.

Dessa forma, essa arquitetura e suas derivações permitiram o desenvolvimento de computadores, conseguindo fazer com que a máquina pudesse operar de forma independente do ser humano, ou seja, que conseguisse obter uma entrada, processá-la e então apresentar a saída correspondente.

3.2 Neurônio artificial

A elaboração de um neurônio artificial demanda saber como poderiam reproduzir as capacidades de pensamento lógico existentes no cérebro, algo que seria extremamente complicado se considerarmos somente elementos mecânicos, pois o cérebro apresenta ações muito diferenciadas, como a capacidade de memória, de controlar o corpo e o de reconhecer estímulos externos.

Assim, considerando o quanto a computação se encontrava evoluída em meados do século passado, a solução foi adequar as propostas de um neurônio para ser um algoritmo de computador.

No entanto, assim como o cérebro não é um único órgão, mas um conjunto de milhões de neurônios interligados, a ideia foi perpassada para a constituição de um cérebro artificial, a de não gerar um programa único que pudesse realizar todos os comandos, mas sim a de definir como seria a constituição de uma célula neural que pudesse estar conectada com outras células neurai. Com isso, seria possível aumentar ou diminuir a capacidade neurológica artificial mediante a adição ou subtração de neurônios artificiais nessas rede criada. Para isso, era preciso criar uma estrutura que recebesse uma ou mais entradas e que retornasse uma saída, a qual poderia ser conectada com outros neurônios artificiais, similar ao dendrito e ao axônio, que sintetizam a entrada e a saída de um neurônio biológico, respectivamente.

Um dos motivos para a grande quantidade de neurônios no cérebro é o fato de eles operarem em paralelo, e não de maneira sequencial, ou seja, podemos encontrar uma situação em que dezenas de milhares de neurônios biológicos podem estar trabalhando simultaneamente, demonstrando a capacidade do cérebro. Esse processamento paralelo e distribuído deveria ser incorporado nos neurônios artificiais.

Esses são pontos que foram considerados como requisitos no momento de elaborar as propostas de um neurônio artificial. Ou seja, conceitos muito complexos que precisam ser tratados para gerar o elemento inicial de uma rede neural artificial, algo que ia muito além das propostas de von Neumann.

A idealização de um neurônio artificial considerava uma estrutura lógico-matemática, conseguindo, assim, representar os comportamentos de um neurônio biológico.

O artigo publicado por McCulloch e Pitts sobre a representatividade do cérebro por meio de uma máquina fez mais do que somente influenciar von Neumann: em sua proposta foi descrito o que seria um neurônio artificial, que atuaria como um portal binário, recebendo como possibilidades de entrada valores binários (zero ou um) e gerando uma saída de zero ou um.

Para isso, elaboraram conceitos matemáticos que expressassem o funcionamento de um neurônio biológico, ou seja, onde diversos sinais chegariam a ele por meio dos dendritos, sendo integrados no corpo celular para, então, quando alcançasse um determinado limiar, emitir um sinal de saída que percorreria o axônio.

O ponto-chave da proposta de McCulloch e Pitts se encontra na forma como o neurônio artificial determina a sua saída. Enquanto em um neurônio biológico ocorre acúmulo de sinais sinápticos, do neurônio artificial utiliza-se uma função que realiza a soma ponderada das entradas multiplicadas com os pesos para cada entrada. Este valor resultante é comparado com o valor definido para determinar a atividade do neurônio, caso seja maior ou igual, o neurônio foi ativado.

As características propostas por McCulloch e Pitts para a concepção do neurônio artificial são vistas na Figura 3.2.

Figura 3.2 – Neurônio de McCulloch e Pitts

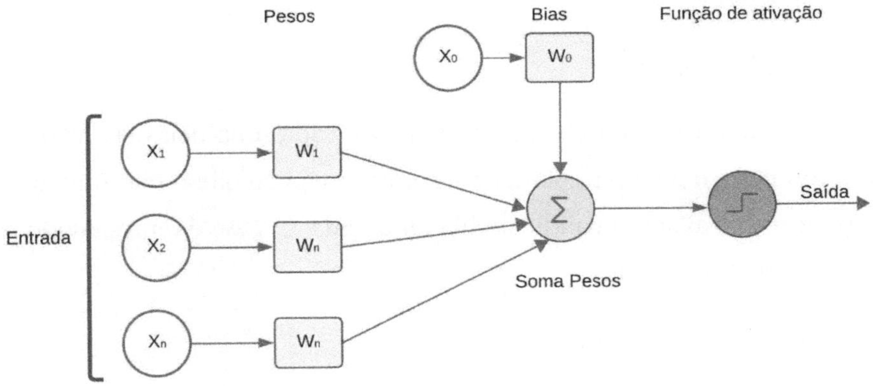

Fonte: Elaborada pelo autor, 2025.

Podemos, então, identificar três elementos principais na composição de um neurônio artificial:

- Dendrito corresponde à entrada do neurônio;
- Corpo do neurônio corresponde ao processamento da informação;
- Axônio corresponde à saída do neurônio.

Os elementos de entrada e saída são simples de compreender, representam quais dados e formatos de entrada o neurônio recebe e qual o formato de saída que ele emite ao finalizar o processamento. O neurônio artificial podemos também chamar de unidade de processamento distribuída, e as conexões entre os neurônios, peso sináptico.

Mesmo sendo simples o modelo proposto, por meio de uma rede de neurônios artificiais era possível efetuar todo tipo de operação lógica.

3.2.1 Função de soma ou junção aditiva

Em sua proposta, o neurônio de McCulloch e Pitts recebe como entrada um conjunto de informações, por exemplo:

$x=[x_1, x_2, \ldots, x_n]$.

Como forma de trabalhar as entradas, cada uma delas era associada com um peso, o qual representaria o ganho sináptico que o neurônio biológico recebe e vai acumulando até liberar a saída. O peso é representado por *Weight* (w), assim, temos:

$w=[w_1, w_2, \ldots, w_n]$.

Esse peso poderia ser tanto excitatório ($w_i>0$) quanto inibitório ($w_i<0$). Inicialmente os pesos são definidos de maneira aleatória, e então vão sendo ajustados conforme os neurônios são acessados.

O neurônio artificial possuiria uma saída binária, podendo emitir duas possibilidades de valores: [0 ou 1], ou [-1 e 1], considerando a fórmula:

$y = \sum_{i=1}^{n} w_i x_i = w'x$

A essa função chamamos de função Soma ou junção aditiva, pois representa a soma dos valores de entrada multiplicados com o valor do peso, resultando em um único número que condensa todas as variáveis de entrada com todos os pesos associados em um único valor, representado por y.

3.3 Função de ativação

Um determinante da forma como o neurônio artificial consegue ser ativado e seu resultado da função soma ser empregado em uma rede neural artificial é representado pela função de ativação. Nos casos em que a rede neural artificial é simples, a função de ativação pode ser tratada como a função soma, simplificando o processamento.

Contudo, nos casos de redes mais complexas, então, efetivamente, temos a distinção entre a função soma e a função de ativação. Conforme o próprio nome já diz, a função de ativação indica se o resultado do processamento de um neurônio artificial vai ser ou não considerado no processamento da entrada, ou seja, se o neurônio será ativado ou não na rede artificial. Caso não seja ativado então significa que o resultado do processamento do neurônio pode ser descartado.

A proposta dessa função é replicar a sinapse existente nos neurônios biológicos, onde, conforme a quantidade de estímulos que um neurônio recebe, ele envia a mensagem para o próximo axônio por meio de pulsos elétricos.

Por meio do uso das funções de ativação consegue-se fazer com que a operacionalidade de uma rede neural ocorra de maneira não sequencial, ou seja, traz a possibilidade de que nem todos os neurônios artificiais sejam utilizados para resolver um problema.

Sendo y o valor resultante da função soma, este valor é o que vai ser considerado como entrada para a função de ativação, e o resultado desta será empregado para verificar se vai ou não ocorrer um sinal de saída do neurônio, se ele será ativado.

Existem diversas funções que podem ser empregadas na função de ativação, as quais foram sendo estudadas ao longo dos anos para identificar qual a melhor.

3.4 Bias

Além do peso, que é definido aleatoriamente quando o neurônio é ativado na primeira vez, temos outro elemento que auxilia no ajuste do aprendizado, chamado de bias. O bias é considerado o limiar de ativação, sendo um ponto muito importante associado com o aprendizado do neurônio artificial.

Quanto maior for o bias, maior é o limite de ativação que o neurônio precisa alcançar para ser ativado. Com isso, o bias pode ser utilizado como forma de ajustar as variáveis adequando o neurônio para cada caso.

A disposição do bias foi uma forma de melhorar o desempenho do neurônio artificial. Na Figura 3.3 vemos sua localização estratégica, que induz a um comportamento mais próximo do esperado.

Figura 3.3 – Disposição do bias no neurônio artificial

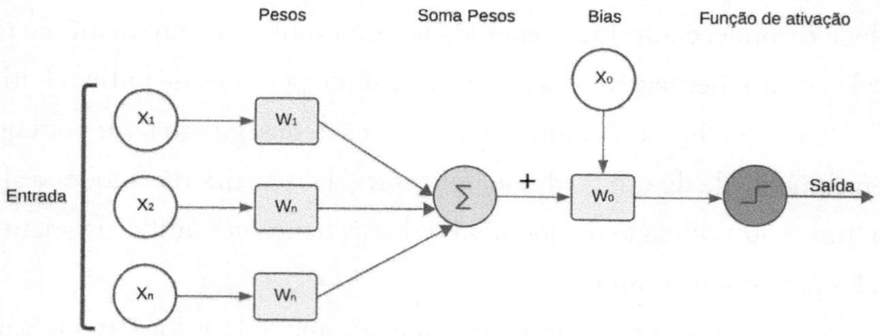

Fonte: Elaborada pelo autor, 2025.

Cada neurônio apresenta um valor adicional chamado bias, o qual é acrescido à entrada, ou seja, o valor é utilizado antes de o processamento do neurônio com a aplicação dos pesos ser efetuada.

O motivo da existência do bias é permitir que o neurônio consiga fazer ajustes nos valores antes de efetivamente utilizá-los, adequando os mesmos para serem processados pela função de ativação.

A proposta do bias é direcionar como a entrada deve ser tratada pelo neurônio antes de chegar na função de ativação, pois, com o uso do bias, é possível fazer com que a função de ativação seja movida para cima ou para baixo.

Com o seu uso, os neurônios adquirem flexibilidade, conseguindo atuar com diferentes entradas e identificando padrões nelas. Também ocorre o ajuste do bias, assim como o ajuste no peso do neurônio. Esse ajuste do bias é muito importante, pois é ele quem garante o melhor retorno do neurônio para atender a uma determinada solução.

Caso não ocorram ajustes nem no valor do bias nem no valor do peso, então, o funcionamento do neurônio será engessado. Com a integração dos ajustes é possível encontrar os melhores valores para cada um, bias e peso, obtendo o melhor aprendizado de um determinado caso.

A influência do bias na operacionalidade do neurônio é muito grande. Quando temos bias com valores muito altos, invariavelmente farão com que a função de ativação seja direcionada para cima, gerando saídas positivas. Já no caso contrário, quando o valor do bias for muito baixo, então a situação inversa vai ocorrer, com o neurônio emitindo saídas negativas.

Durante a fase de treinamento do neurônio, que ocorre enquanto se estiver em uma rede neural artificial, é que tanto o bias quanto o valor do peso serão ajustados. Conforme a aderência ao conjunto de dados de treinamento com as situações novas com que o neurônio irá processar, os resultados serão melhores, ou seja, não adianta treinar uma rede neural com valores que são muito distintos daqueles nos quais a rede irá atuar futuramente. Nessas situações, o valor definido do bias irá prejudicar o funcionamento, e, com isso, o resultado da rede.

O trabalho de McCulloch e Pitts conceituou como poderia ser a constituição de um neurônio artificial, porém, naquela época, não existiam meios conhecidos que pudessem implementar de forma concreta o que foi ilustrado.

Alguns anos depois, em 1949, o psicólogo canadense Donald Olding Hebb (1904-1985) publicou o livro **The Organization of Behavior**, o qual conceituou a atualização de pesos sinápticos.

Conforme o conceito de Hebb, quando um axônio de um neurônio A se encontra próximo de outro neurônio B, e repetidamente participa da ativação deste segundo neurônio B, então uma mudança metabólica ocorre em um ou nos dois neurônios de tal forma que A consegue ativar B de forma mais simplificada.

Com isso, conseguiu definir a regra do peso sináptico, na qual, quando temos dois neurônios conectados por uma sinapse e ambos são ativados ao mesmo tempo, então o peso deve ser aumentado. Já quando ocorre o contrário, dois neurônios são ativados de forma assíncrona, em momentos diferentes, então o peso daquela sinapse deve ser diminuído.

Por meio de seus estudos, Hebb identificou como os pesos sinápticos são alterados em uma rede neural. Um conceito muito importante que foi absorvido quando foram implementadas as redes neurais artificiais: a influência no peso do neurônio.

Assim, foi determinada a proposta de uma regra de aprendizagem pela modulação de pesos sinápticos, ou seja, foi identificada uma possibilidade de compreensão de como o cérebro aprende pelos eventos dos neurônios.

3.5 Redes neurais artificiais

Com a definição e o entendimento do que é um neurônio artificial, surgiu então a evolução do que seria uma Rede Neural Artificial (RNA). Uma rede interligada de neurônios artificiais.

Assim como o neurônio sozinho, que possui definições sobre a entrada, o processamento e a saída, o mesmo ocorre com a RNA, porém como podemos ter muitos neurônios, a associação é por meio de camadas. Então uma RNA apresenta três camadas bem definidas:

- **Camada de entrada (*input layer*)**: camada inicial da rede, por meio da qual as informações que serão tratadas pela RNA entram na rede.
- **Camada oculta (*hidden layers*)**: também traduzida como camada escondida, ela pode ou não fazer parte de uma RNA, não sendo obrigatória. Podemos então encontrar entre 0 até N camadas ocultas conectadas entre si. Esta camada possui a função de realizar o processamento dos dados de entrada, produzindo atributos intermediários. A camada escondida é a responsável pelo aprendizado da rede neural, quanto maior o número de camadas escondidas maior a capacidade de aprendizado e mais complexa é a RNA.
- **Camada de saída (*output layer*)**: camada final, que converge todos os resultados apresentados pela camada anterior em um resultado. Nessa camada, os pesos sinápticos, junto as informações das anteriores, são utilizados para retornar à resposta esperada.

Nas camadas de entrada e na camada escondida, os neurônios artificiais não se comunicam com aqueles da mesma camada, somente com neurônios que se encontrem em camadas distintas, gerando uma sequência para o processamento dos dados conforme este avança pela rede neural.

A arquitetura distribuída em camadas da RNA é apresentada na Figura 3.4. Os neurônios são conectados com a próxima camada e convergem a um neurônio de saída, o qual apresenta o resultado do processamento daquela rede neural.

Figura 3.4 – Redes neurais artificiais

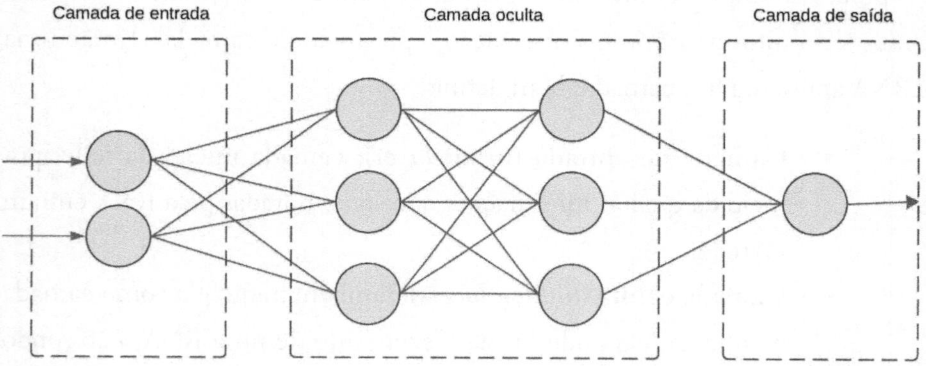

Fonte: Elaborada pelo autor, 2025.

Podemos ter diversos neurônios na camada de entrada, eles operam em paralelo e sua saída somente é transmitida para a camada oculta (se esta existir) ou para a camada de saída. O mesmo ocorre na camada oculta, ela pode conter várias camadas internas, mas cada camada se conecta somente com a camada seguinte. Devido a essa formação, é fácil adicionar ou remover camadas ocultas sem grandes impactos na topologia da RNA.

O funcionamento de cada neurônio artificial é similar, independente da camada em que se encontra. Com isso, a característica de trabalhar com pesos ponderados se mantém entre as camadas. Por meio da variação dos pesos é que se obtém o aprendizado pela rede artificial, já que eles são ajustados conforme a rede treina com um determinado conjunto de dados.

Essa propriedade, de que os neurônios artificiais das camadas ocultas são os mesmos, e que podemos aumentar ou diminuir a quantidade de camadas ocultas, propicia um cenário em que, dependendo do problema, podemos aumentar a capacidade de processamento inserindo mais camadas neurais. Isso pode gerar redes artificiais mais complexas que visam atender a situações mais elaboradas, com mais variáveis.

Isso é muito importante quando consideramos o tempo de aprendizado e o custo investido em uma rede neural artificial. Se estivermos utilizando uma rede para tratar de um problema mais simples, podemos empregar uma rede menor, caso contrário, ampliar nossa rede conforme a necessidade.

Uma característica da rede neural artificial é que utilizamos um conjunto de entradas para que a rede possa aprender, ser treinada, e depois temos uma solução genérica que pode ser empregada em situações similares, ou seja, treinamos uma rede com determinadas informações e depois podemos utilizar essa RNA com dados que ela nunca viu antes.

3.6 Conclusões

A plena compreensão do cérebro ainda está em estudos. Apesar de muito ter aprendido, características de como as memórias são armazenadas, de como conseguimos gerar o pensamento e realizar operações lógicas ainda é uma incógnita. Porém o interesse em querer recriar o que o cérebro faz e conseguir reproduzir as capacidades cognitivas tem avançado muito.

A proposta de utilizar elementos computacionais e matemáticos para reproduzir um neurônio biológico é muito estimulante.

Por mais que o tema aparente estar associado com o século XXI, mais de 70 anos de estudos foram necessários para desenvolver uma forma de replicar e ensinar uma máquina sobre como pensamos e sobre quais respostas queremos que ela providencie.

Enquanto um autômato de mãos ou pernas representa movimentos físicos visualmente identificáveis, a operacionalidade do cérebro é algo além da nossa concepção, que ainda é uma área muito nebulosa em constante estudo.

As propostas e as compreensões das RNAs ainda têm muito que evoluir, muito a ser implementado, porém, com o que já foi conceituado, as ideias e os novos rumos foram bem definidos, indicando qual caminho deve ser seguido.

Capítulo 4

Aprendizados de Máquina

4.1 Introdução

As redes neurais artificiais utilizam diversos conceitos que visam fazer com que os programas de computadores consigam identificar a lógica que o cérebro humano utiliza para solucionar problemas. Assim, elas podem ser empregadas no tratamento de casos novos, apresentando resultados condizentes com o padrão esperado.

As possibilidades de uso do aprendizado de máquina vão desde a identificação de padrões até o auxílio em tomadas de decisão, apresentando uma diversidade de empregos em virtude das metodologias existentes.

O termo aprendizagem de máquina (*machine learning*) foi introduzido em 1959 pelo cientista da computação Arthur Lee Samuel (1901-1990) por meio da publicação do artigo: "Some Studies in Machine Learning Using the Game of Checkers", no qual demonstra que as máquinas podem aprender baseadas nos erros do passado. Esta técnica foi empregada no *software* Game of Checkers, tornando este o primeiro *software* com autoaprendizado da história.

Em sua definição, Samuel afirmava que o conceito de aprendizado de máquina era que as máquinas poderiam aprender a fazer tarefas sem que os programas de computador que permitissem isso fossem elaborados.

Anos depois, na década de 1960, o matemático e cientista da computação Joseph Weizenbaum (1923-2008) apresentou o programa Eliza, o primeiro sistema que tinha como base o aprendizado de máquina e conseguia simular conversas com usuários humanos, e ele sendo o primeiro robô de conversação (*chatbot*) desenvolvido.

A proposta do Eliza era que ele atuasse como uma psicóloga virtual, demonstrando a capacidade de processar a linguagem natural, que é a linguagem humana, e conseguisse responder conforme o questionamento.

O *software* de Weizenbaum conseguia reconhecer 250 tipos de frases, além de utilizar partes das perguntas feitas pelo interlocutor em suas respostas. Com isso, a máquina conseguia aprender e replicar o pensamento humano.

O aprendizado de máquina é feito mediante o uso da inteligência artificial, a qual procura reproduzir a lógica humana ao resolver problemas. Desta forma, podemos dizer que o aprendizado de máquina é um subconjunto da inteligência artificial, que disponibiliza meios de aprender e evoluir sem ser necessariamente programada para isso.

A totalidade das metodologias de aprendizado de máquina compõe a inteligência artificial, apresentando técnicas que são empregadas de forma a reproduzir o pensamento humano.

4.2 Categorias de Aprendizado de Máquina

Existem três categorias principais de aprendizado de máquina que são amplamente utilizados, principalmente devido às características dos problemas que atendem. São eles: supervisionado, não supervisionado e por aprendizado por reforço.

Cada um desses três tipos visa atender a situações específicas, mesmo que empreguem os mesmos algoritmos para serem implementados, gerando, assim, uma cobertura das situações que podem ser resolvidas. Vamos verificar quais são os principais tipos.

4.2.1 Aprendizado Supervisionado

O termo "supervisionado" do aprendizado supervisionado refere-se ao fato de que todo o aprendizado da máquina deve ser treinado mediante o uso de exemplos de entrada e saída rotulada, que são conhecidos e correspondentes entre si. Com isso, o modelo consegue identificar os padrões existentes entre os dados e aprendendo a identificar quais serão as saídas esperadas para novas entradas.

Assim, durante o treinamento, para cada entrada de dados, deve-se saber qual o rótulo de saída esperado. Por exemplo, ao implementar o aprendizado supervisionado para identificar pessoas com estatura alta, média e baixa, é preciso utilizar como dados de entrada o gênero e a altura, e, também, a classificação correspondente (alta, média e baixa).

Dessa forma, o algoritmo aprenderá qual é o limite de estatura que define uma pessoa em cada categoria, considerando o gênero. O treinamento e o resultado do aprendizado obtido devem ser testados com uma outra base de dados cujos rótulos de saída (alta, média e baixa) também sejam conhecidos, e assim verificar a qualidade do aprendizado de máquina.

As principais técnicas de aprendizado supervisionado são:

• **Classificação:** a classificação ou regressão logística considera os dados de entrada para conseguir estimar qual deve ser a saída esperada. Podemos ter uma classificação binária, que ocorre quando existem duas classificações possíveis ou classificação multiclasse, quando existem mais de duas classes de saída rotuladas.

Podemos exemplificar o emprego da classificação para categorizar *e-mails* conforme o tipo: SPAM ou NÃO SPAM, para classificar os animais em gatos, cachorros ou ratos, e assim por diante. O importante é que seja possível classificar os elementos de entrada em alguma das classes existentes.

Vemos a representação da classificação no problema dos *e-mails* de SPAM na Figura 4.1.

Figura 4.1 – Metodologia supervisionada de classificação

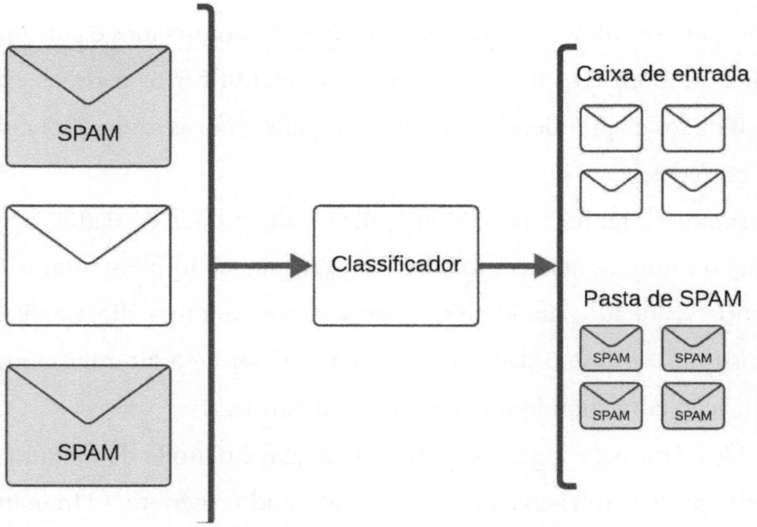

Fonte: Elaborada pelo autor, 2025.

• **Regressão linear:** utiliza como entrada um ou mais atributos, e por meio deles consegue estimar valores futuros. Para isso, a regressão linear deve ser temporal, utilizando as variações temporais dos atributos de entrada e suas saídas correspondentes para conseguir prever os novos valores.

Podemos exemplificar o uso da regressão linear na estimativa do valor da gasolina em determinada região, a estatura que uma criança vai alcançar na fase adulta, a variação de ações na bolsa de valores, entre outros.

Figura 4.2 – Metodologia supervisionada de regressão

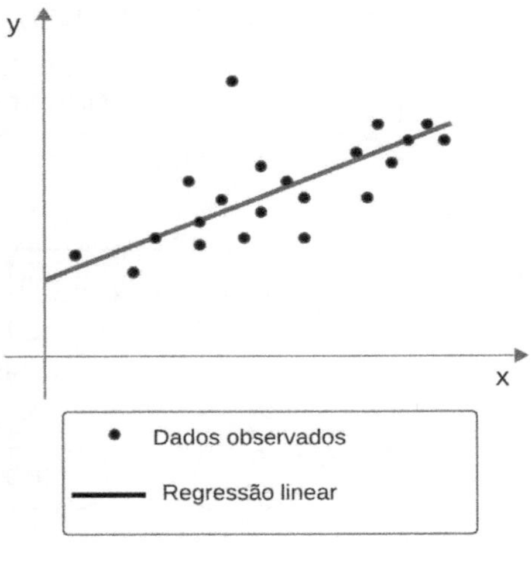

Fonte: Elaborada pelo autor, 2025.

• **Árvore de decisão:** utiliza análises dos dados de entrada mediante o uso das condições lógicas de se-então, assim, identificando quais parâmetros são atendidos e qual deve ser o comportamento esperado quando isso ocorre.

Aplica-se a árvore de decisão como meio de classificar elementos , sendo uma técnica muito prática para diversas finalidades. Podemos exemplificar com a questão: “Devo ir à praia?”, onde os parâmetros de entrada são a temperatura do dia, se existem nuvens e a velocidade do vento. Conforme as entradas, o algoritmo vai analisando as possibilidades, por exemplo, se a temperatura está menor do que 20 graus, então, não devo ir. Mas, caso seja maior do que 20 graus, então, verifique a presença de nuvens, caso não tenha, devo ir à praia. A Figura 4.3 a seguir representa uma árvore de decisão.

Figura 4.3 – Representação da árvore de decisão

Fonte: Elaborada pelo autor, 2025.

• **RNA:** o emprego de RNA no aprendizado supervisionado permite solucionar problemas mais complexos. Isso porque a operacionalidade da rede neural serve para ser utilizada nas situações já vistas: classificação, regressão linear e árvore de decisão. A vantagem de se utilizar as redes neurais é a de se obter melhor qualidade dos resultados, além de maior velocidade no processamento.

4.2.2 Aprendizado não supervisionado

A premissa do aprendizado não supervisionado é que os dados de entrada não apresentam os rótulos esperados na saída. Assim, não se sabe exatamente qual deve ser o retorno obtido para cada entrada. Desta forma, a máquina consegue identificar padrões ocultos que sejam similares entre os elementos de entrada, os quais muitas vezes não são percebidos pelo ser humano.

O motivo disso é deixar que a máquina consiga identificar padrões existentes nos dados e com isso apresentar como retorno um agrupamento das entradas, conforme a similaridade dos seus atributos de entrada.

Vejamos as principais técnicas de aprendizado não supervisionado:

• **Agrupamento:** o agrupamento (*clustering*) é uma das técnicas mais utilizadas do aprendizado não supervisionado, na qual o algoritmo consegue identificar formas de gerar grupos (*clusters*) para as entradas recebidas, possibilitando classificar cada agrupamento devido à similaridade existente entre os seus elementos.

Podemos exemplificar o agrupamento com a inserção de perfis de diversos consumidores de uma loja virtual, em que o algoritmo apresenta sugestões de agrupamento mediante os padrões identificados, como por gênero, idade, profissão, valor gasto, e assim por diante.

Por meio do emprego do agrupamento é possível compreender melhor dados até então desconhecidos, auxiliando em análises futuras que podem ser feitas em somente um dos tipos de grupos localizados ou em todos.

Na Figura 4.4, vemos como funciona o agrupamento, no qual todos os elementos que são classificados devem fazer parte de algum grupo. A quantidade de elementos existentes nos grupos não precisa ser a mesma, assim podendo ter um grupo com muitos e outro com um ou dois elementos.

Figura 4.4 – Metodologia não supervisionada de agrupamento

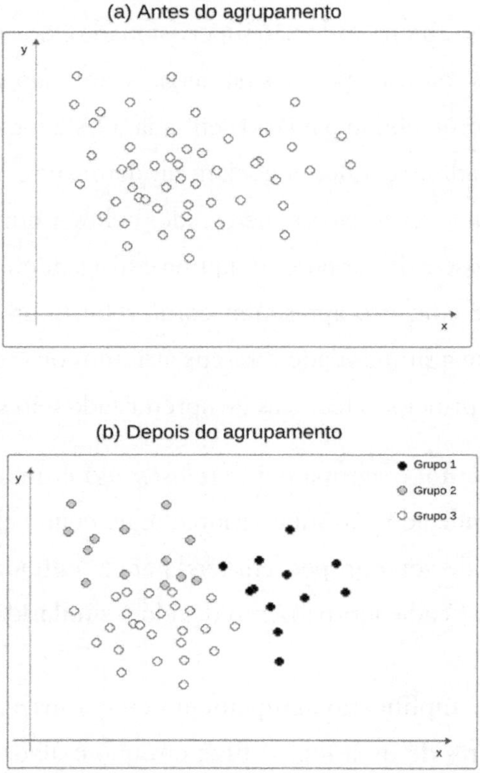

Fonte: Elaborada pelo autor, 2025.

- **Aprendizado de regras de associação:** uma das técnicas atualmente mais empregadas do aprendizado de máquina, que também pode ser chamada de **recomendação**. A proposta desse aprendizado de máquina não supervisionado é identificar relações que possam existir entre os dados de entrada e outras informações, utilizando regras previamente definidas.

Vemos como atua a recomendação na Figura 4.5, na qual diferentes produtos são apresentados a perfis de usuários distintos. Dessa forma, o sistema recomenda os produtos que mais se assemelham a cada um deles.

Figura 4.5 – Metodologia não supervisionada de recomendação

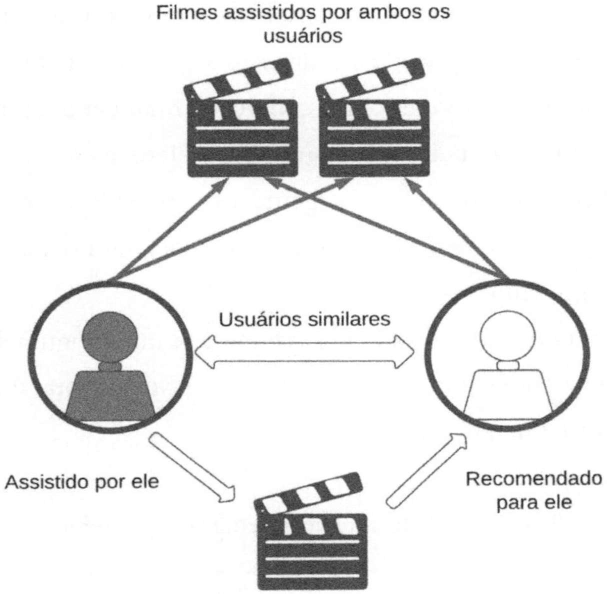

Fonte: Elaborada pelo autor, 2025.

A proposta das regras de associação é identificar regras existentes entre objetos que se encontram juntos, verificando se existe algum padrão que justifique isso. Por exemplo, identificar que café e açúcar são produtos recorrentes adquiridos em conjunto nas compras de mercado.

4.2.3 Aprendizado por Reforço

No aprendizado por reforço, temos um agente que é treinado para tomar decisões, conforme cada decisão tomada, ele pode ser recompensado ou penalizado. A ideia deste tipo de aprendizado é que o agente consiga aprender a tomar as melhores decisões para obter a maior recompensa à medida que vai treinando.

A origem do aprendizado por reforço remonta à década de 1980 e, atualmente, está sendo aplicada em diversos segmentos, como em robótica, veículos autônomos, jogos eletrônicos, mercado financeiro, entre outros.

Esse tipo de aprendizado possui quatro elementos principais: ações, estados, políticas e recompensas. O agente a ser treinado se encontra em um ambiente no qual pode realizar determinadas ações, como, por exemplo, andar para a direita, saltar e andar para a esquerda.

A estrutura do aprendizado por reforço é vista na Figura 4.6. O agente está diretamente conectado com o ambiente que vai explorar e com as possibilidades de ação que possui.

Figura 4.6 – Estrutura do aprendizado por reforço

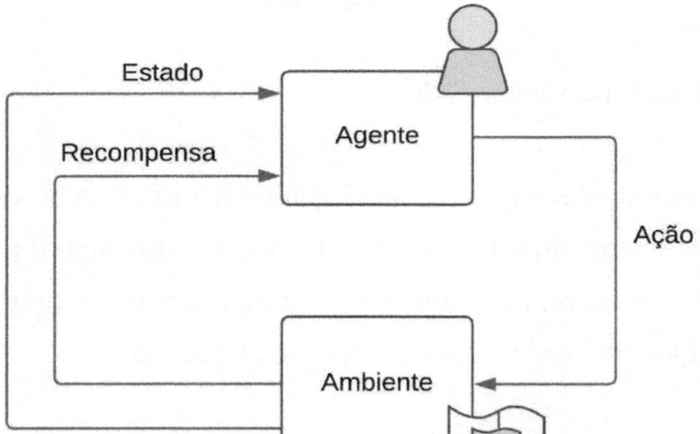

Fonte: Elaborada pelo autor, 2025.

Considerando o estado em que se encontre e as possibilidades de ação que pode executar, conforme a ação selecionada, o agente pode se mover para um estado futuro. A mudança do estado atual para o estado futuro não implica a mudança de local no ambiente. No exemplo de ações possíveis, caso o agente esteja no estado i e a ação é saltar, então, o estado futuro i+1 se manterá no mesmo local do ambiente.

É essa definição de qual ação executar em cada estado que o agente precisa aprender. Conforme vai aprendendo, ele vai gerando uma política para aquele ambiente. A proposta é que o agente encontre a melhor política, ou seja, a que retorne a maior recompensa. A política define qual deve ser o comportamento do agente, sendo um elemento fundamental para o aprendizado por reforço.

Por fim, a recompensa também pode representar a penalidade conforme o sinal empregado, ou seja, o agente não sabe distinguir se está recebendo uma recompensa ou penalidade, mas sim, reconhecer se um valor é positivo e maior do que outro, que pode ser negativo.

Dessa forma, quando o agente bate em uma parede, a recompensa é um valor negativo, para que ele aprenda que não se deve colidir com ela. Já quando o agente chega no objetivo do ambiente, então, a recompensa é um valor positivo e grande, indicando que a política utilizada para chegar nesse resultado é eficaz.

Por meio dessa técnica, em 2017, um algoritmo de aprendizado por reforço chamado de AlphaGo, da empresa DeepMind, conseguiu vencer o campeão mundial do jogo de tabuleiros Go daquela época, Ke Jie. O Go é considerado o mais complexo jogo de tabuleiros existentes, superando as dificuldades do jogo de xadrez.

Para alcançar esse feito, o algoritmo treinou analisando milhares de jogos disponíveis, a fim de encontrar a melhor política para esta situação. Por meio desse feito, ficou consolidado que a evolução das máquinas era uma realidade inevitável.

4.3 Selecionando o tipo de aprendizado

Para definir qual técnica de aprendizado de máquina é a mais indicada, é preciso identificar qual o problema a ser abordado, sendo que, quando se sabe quais são as classificações dos dados de entrada, então deve-se empregar as técnicas do aprendizado supervisionado.

No entanto, se, mesmo com as classificações já elaboradas, houver o desejo de verificar quais são as possibilidades de agrupamento e, com isso, de classificação existentes, então pode-se empregar o aprendizado não supervisionado.

Dessa forma, evidenciando que não existem regras ou indicações certas de quais técnicas ou aprendizagens utilizar, o ideal é estudar o problema para então conseguir identificar quais métodos podem auxiliá-lo na sua resolução.

Mesmo com a indicação de usar o aprendizado não supervisionado em dados não explorados, ou seja, desconhecidos, é preciso ter um conhecimento mínimo dos dados de entrada para saber quais possibilidades de saída esperar.

4.4 Conclusões

O aprendizado de máquina evoluiu muito ao longo dos anos, apresentando novas técnicas e metodologias que possibilitam desenvolver algoritmos por meio dos quais a máquina consegue reproduzir a atuação racional humana ao solucionar problemas.

As divisões entre supervisionado e não supervisionado permitem explorar a máquina como meio para replicar as tarefas já mapeadas e, também, como meio de identificar novas informações em dados ainda desconhecidos.

As redes neurais artificiais utilizam as técnicas de aprendizado de máquina para treinar os neurônios e assim conseguir assimilar os padrões das informações analisadas.

A associação entre as redes neurais, a inteligência artificial e o aprendizado de máquina muitas vezes se acha sobreposta, pois, além de os dados e as técnicas serem os mesmos, os objetivos de cada um não estão estritamente delimitados, mas sim abertos a receber novas informações.

Capítulo 5

Perceptron

5.1 Introdução

Em 1958, o psicólogo estadunidense Frank Rosenblatt (1928-1971) publicou o artigo "The Perceptron: a probabilistic model for information storage and organization in the brain", que pode ser traduzido como "Perceptron: um modelo probabilístico para armazenamento e organização de informações no cérebro". Nesse artigo, foi demonstrado como uma rede de neurônios artificiais consegue incorporar características do cérebro e seus receptores externos.

Em seu artigo, Rosenblatt visou responder às seguintes questões:

1. Como as informações sobre o mundo físico são percebidas ou detectadas pelo sistema biológico?
2. De que forma as informações são armazenadas ou lembradas?

3. Como a informação contida no armazenamento ou na memória influencia o reconhecimento e o comportamento?

Por meio de seus estudos, e utilizando como base os trabalhos de McCulloch e Pitts e de von Neumann, Rosenblatt conseguiu expandir os conceitos, definindo como seria a proposta de um neurônio artificial, denominado Perceptron, para então conceituar como ele pode ser integrado com outros neurônios artificiais, formando uma RNA que pudesse ser empregada para resolver problemas.

A proposta principal do Perceptron era classificar padrões que pudessem ser separados linearmente, utilizando os conceitos de pesos ajustáveis e de bias. Um diferencial do modelo foi conseguir encontrar a melhor condição do valor de peso, para então multiplicá-lo com o valor de entrada e assim aplicando uma função para definir se o neurônio artificial iria ou não transmitir o sinal de saída.

A unidade básica de um Perceptron é chamada de Unidade Lógica de Limiar (*Logic Threshold Unit* – TLU) e recebia números como entrada associando-os com pesos aos quais é aplicada a função de soma.

5.2 Fundamentos do Perceptron

Para entender o funcionamento do Perceptron, é preciso conhecer a sua estrutura, que é clara e bem definida. O Perceptron apresenta as seguintes características:

- **Camada de Entrada (*Input*)**: conjunto de dados numéricos de entrada que são inseridos no Perceptron.
- **Peso (*Weights*)**: para cada elemento de entrada é associado um peso. Esses pesos são valores ajustados conforme o neurônio vai

aprendendo a importância de cada elemento de entrada. Isto ocorre durante o treinamento do neurônio.

- **Função Soma Ponderada (*Weighted Sum*):** a soma ponderada corresponde a cada elemento da entrada multiplicado pelo valor do peso correspondente. Estes valores são somados resultando na soma ponderada.
- **Função de Ativação (*Activation function*):** o resultado da soma ponderada é o valor de entrada da função de ativação. A função pode retornar os valores de 0 ou 1.
- **Camada de Saída (*Output*):** caso o neurônio tenha sido ativado pela função de ativação, a saída emite um valor que corresponde ao término do processamento, esse valor indica a qual categoria os dados de entrada pertencem.

Vemos a arquitetura completa do Perceptron na Figura 5.1.

Figura 5.1 – Arquitetura do Perceptron

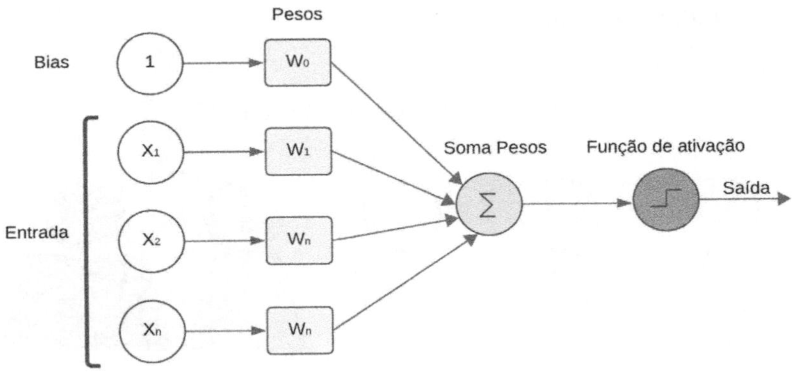

Fonte: Elaborada pelo autor, 2025.

Quanto ao seu funcionamento, o Perceptron pode determinar se um conjunto de dados de entrada apresenta as características ou padrões que os associam a um determinado rótulo de saída. Por exemplo, entrando com o peso em quilos e a altura em centímetros de uma pessoa, decidir se esta pessoa está acima ou abaixo do peso ideal, considerando o índice de massa corporal, que é composto pela equação:

$$IMC = peso/(altura \times altura)$$

A camada de entrada do Perceptron vai conter duas entradas de valores, uma para altura e outra para peso. Caso incluíssemos mais valores na entrada, como idade, circunferência do abdômen e diâmetro do pulso, então teríamos cinco entradas de valores no Perceptron, uma para cada informação indicada.

Dessa forma, a capacidade de entradas do neurônio artificial é flexível, podendo ser adaptada conforme cada necessidade. Porém a saída de um Perceptron é sempre um único valor resultante. Isso porque a sua entrada é mediante um vetor em que cada elemento corresponde a um valor. Assim, não existe um valor fixo de elementos de entrada.

A Figura 5.2 apresenta os parâmetros de classificação dos resultados do índice de massa corporal.

Figura 5.2 – Representação do IMC

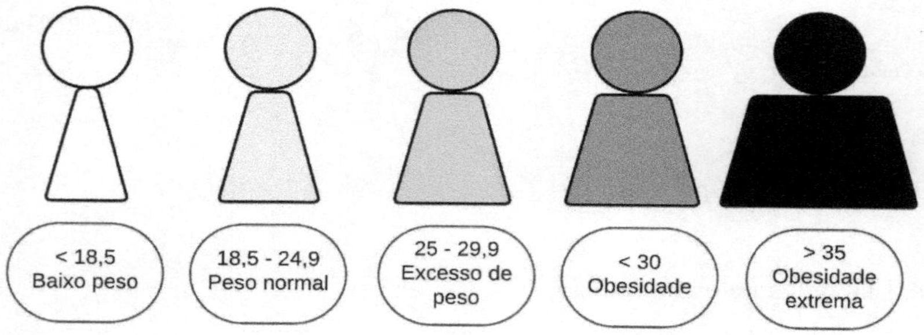

Fonte: Elaborada pelo autor, 2025.

Para o exemplo do IMC, podemos utilizar a função de ativação para que ela identifique quando o valor resultante do cálculo se encontrar abaixo do 30, então a camada de saída irá indicar o número 0, por exemplo, apresentando que os dados informados indicam que a pessoa se encontra no peso normal ou abaixo dele. Já quando o valor de saída for 1, então indica que o IMC resultou em algum valor acima de 30, indicando que os dados informados são de uma pessoa que se encontra acima do peso.

Nesse exemplo, os valores de entrada do Perceptron são conhecidos, e a saída é binária e conhecida: a pessoa se encontra acima do peso ou não. A este tipo de situação definimos como aprendizado supervisionado, que é uma das vertentes do aprendizado de máquina, no qual os tipos de informações analisadas pela máquina e as possibilidades de saída são conhecidas.

A função de ativação é um ponto crucial para o funcionamento adequado do Perceptron, pois é esta função que vai indicar se o neurônio artificial deve considerar o resultado da soma ponderada ou não.Nesse sentido, foi elaborada a função de ativação tipo degrau. Um conceito simples que atua indicando se o neurônio deve ou não ser ativado.

5.2.1 Função de ativação do tipo degrau

A função de ativação é um dos principais pontos do neurônio artificial, pois o fato de determinar se o resultado vai ou não ser considerado no processamento é uma das características das redes neurais que fazem com que ela compreenda uma situação para identificar quais variáveis são ou não relevantes para solucionar a questão.

Uma das funções mais simples implementadas como função de ativação é a função do tipo degrau (*Step* ou também chamada de *Heavyside step*), em que a classificação tem como base um limiar de ativação (*threshold*) que considera uma verificação do valor para identificar a ação do neurônio.

Quando o valor obtido pela função soma for maior ou igual a zero, o neurônio é ativado. No caso contrário, o neurônio não é ativado:

$f(x)=\{$
$1, \text{se } x \geq 0$
$0, \text{se } x < 0$
$\}$

A Unidade Lógica de Limiar recebe como entrada valores numéricos x e os relaciona com os pesos w durante a função de soma. O resultado dessa função é a entrada da função de ativação do tipo degrau.

Figura 5.3 – Gráfico com comportamento da função do tipo degrau

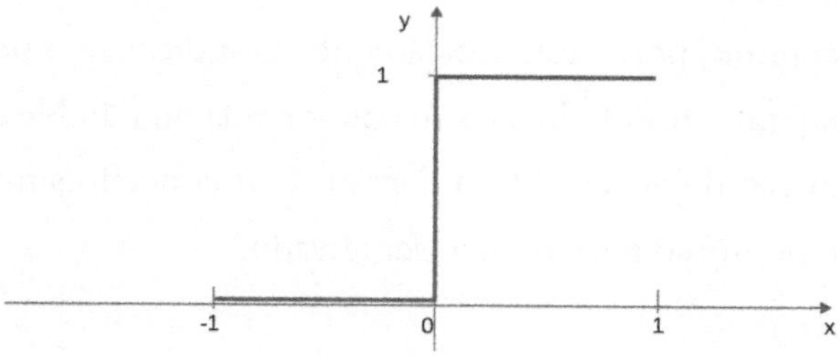

Fonte: Elaborada pelo autor, 2025.

Como a característica dos neurônios artificiais é realizar tarefas em paralelo, similarmente ao cérebro biológico, então esta propriedade de receber várias entradas, processar e emitir uma saída, que pode ser recebida por outro neurônio artificial, agiliza o processamento. Contudo, o padrão de saída limita as possibilidades de uso para problemas de classificação, identificando se determinados valores de entrada atendem ou não a um critério de saída.

O Perceptron era como um neurônio isolado que conseguia reconhecer somente dois padrões, como tinha somente uma saída a questão era definir se a entrada atenderia a um determinado padrão. Caso atendesse, então os dados pertenceriam a um padrão X, caso contrário, pertenceriam ao outro padrão.

5.3 Funcionamento de um Perceptron

A operacionalidade do Perceptron ocorre mediante o seu treinamento. Ou seja, um neurônio artificial precisa ser treinado para conseguir executar as suas tarefas de maneira correta, fazendo os ajustes nos pesos que são utilizados. Esses ajustes propiciam que a função de ativação opere conforme o esperado, ativando ou não o neurônio conforme os valores de entrada.

O treinamento é a etapa em que ocorre o ajuste dos pesos do Perceptron, o neurônio artificial consegue adaptar seus pesos de forma a obter a melhor disposição deles, e assim apresentar o conhecimento esperado.

O conhecimento propriamente dito significa que o Perceptron consegue classificar uma determinada entrada corretamente, para isso ele deve comparar a saída obtida com a esperada. Ou seja, no momento do treinamento, os dados utilizados são conhecidos. Através da comparação entre o resultado esperado e o obtido, é possível ajustar os pesos até alcançar a melhor distribuição.

Podemos exemplificar com uma pessoa aprendendo a fazer equações do segundo grau. Para saber se está executando corretamente os cálculos, o estudante precisa comparar as suas respostas com um gabarito, por meio do qual vai indicar se a aplicação dos conceitos foi acertada.

Caso o estudante encontre erros entre seu resultado e o gabarito, deve analisar todo o procedimento executado e identificar onde cometeu o erro. Ajustar e então praticar novamente, verificando se agora os resultados estão saindo como o esperado.

No treinamento de um Perceptron ocorre o mesmo. O neurônio precisa ter algum comparativo para dizer se está aprendendo corretamente ou não. Por este gabarito conseguimos fazer com que a rede neural consiga reproduzir o pensamento e a lógica humanas sem necessariamente ter de programar a sua execução.

Para exemplificar o funcionamento do Perceptron, vamos considerar a seguinte representação:

- x_i = atributos de entrada;
- k = quantidade total de atributos;
- y = saída do Perceptron;
- w_0 = bias ou limiar de ativação;
- w_i = pesos para cada atributo;
- u_k = potencial de ativação;
- $f(u_k)$ = identificador da função de ativação.

Cada um destes elementos do Percpetron é ilustrado na Figura 5.4. para facilitar a sua identificação e assim o operacional do Perceptron.

Figura 5.4 – Caracterização do Perceptron

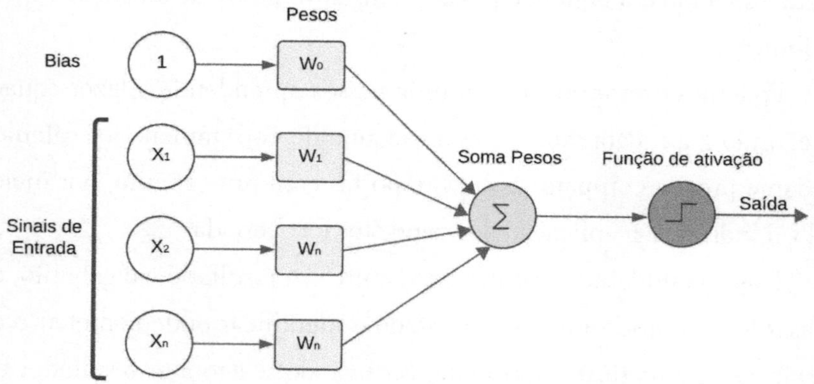

Fonte: Elaborada pelo autor, 2025.

Podemos considerar o seguinte:

Os atributos de entrada são representados por valores, sendo apresentados por x_1 até x_k,. Cada um destes atributos de entrada é multiplicado pelos pesos w_i, em que o peso indica a influência daquele atributo no processamento da equação.

A somatória da multiplicação dos valores de entrada com os pesos apresenta um valor resultante único, o qual pode ser representado por:

$$\sum x_i w_i$$

Este potencial de ativação $\sum x_i w_i$ é somado com o valor de bias (w_0), o qual tem a finalidade de aumentar ou diminuir a relação do valor das entradas no processamento, alterando o limiar de ativação do Perceptron. Em determinados casos o bias pode ser considerado com o valor 0 (zero), assim não impactando nos pesos.

Então, o valor resultante da soma de $\sum x_i w_i$ com o valor de bias (w_0) é chamado de potencial de ativação, sendo representado por u_k. Este valor é então encaminhado como entrada da função de ativação $f(u_k)$ do Perceptron.

A função de ativação vai realizar uma transformação no valor u_k de forma a obter um número que apresenta como limites inferior e superior os intervalos mínimo e máximo propostos pela função de ativação.

Dessa forma, se a função de ativação retorna valores entre zero e um, então o número resultante da análise da função deve retornar um número que respeite esse intervalo.

Podemos representar os atributos de entrada x_i como um vetor com k colunas:

$$x=[x_1, x_2, x_3, ..., x_k]$$

Da mesma forma, também podemos representar os pesos como um vetor que possui k colunas, pois para cada atributo de entrada devemos ter um peso associado:

$w=[w_1, w_2, w_3,\ldots,w_k]$

Nisso teremos dois vetores com o mesmo número de colunas:

x_k e w_k

A multiplicação de xw se torna simples de ser executada, pois multiplicamos o valor de cada elemento de uma coluna j com o valor do outro vetor da coluna j correspondente. O valor resultante de cada multiplicação será somado, assim obtendo o potencial de ativação u_k:

$$\sum x_i w_i = x_{11} \text{ x } w_{11} + x_{12} \text{ x } w_{21} + x_{13} \text{ x } w_{31} \ldots + x_{1k} \text{ x } w_{k1}$$

Dessa forma, por meio dessa representação, é possível calcular um potencial de ativação, multiplicando todos os valores de atributos de entrada pelos respectivos pesos e obter um número único que representa essas multiplicações.

Em um Perceptron temos uma constante que podemos ou não utilizar, que é o bias (w_0). Ele pode alterar o valor da multiplicação dos pesos sem impactar nos valores de entrada, possibilitando ajustar o potencial de ativação de saída, assim resultando em maior flexibilidade do neurônio.

A este valor $\sum x_i w_i$ podemos ou não somar o valor do bias (w_0), ajustando os valores antes de serem empregados na obtenção do potencial de ativação u_k, que será utilizado pela função de ativação $f(u_k)$.

A função de ativação é uma função matemática que transforma o valor de saída interno do Perceptron, normalizando conforme uma função definida. Ela utilizará algum critério previamente escolhido e mais condizente com cada situação para identificar se o neurônio deve ou não ser ativado, e com isso considerado, no processamento de algum problema.

Neste texto, representamos a função de ativação como $f(u_k)$, porém outros autores representam como $\varphi(u)$. Ambas são válidas e devidamente aceitas.

Nesse caso, o algoritmo existente na função de ativação determina para quais valores o Perceptron será ativado. Vamos considerar a função de ativação do tipo degrau, o qual considera simplesmente o sinal do número u_k.

Caso o valor u_k seja maior ou igual a 0 ($u_k \geq 0$), então a saída será 1;

Caso contrário, com u_k menor que zero ($u_k < 0$), então a saída será -1.

Dessa forma, finaliza-se a atuação do Perceptron, que, caso o mesmo tenha sido ativado, emite o valor de saída (u_k).

A aplicabilidade do Perceptron que apresenta duas entradas e uma função de ativação degrau é a de implementar a função lógica AND, a qual pode ser representada pela tabela a seguir:

X_1	X_2	U_k
0	0	0
0	1	0
1	0	0
1	1	1

O Perceptron também pode ser utilizado para representar a função lógica OR:

X_1	X_2	U_k
0	0	0
0	1	1
1	0	1
1	1	1

5.4 Exemplo de funcionamento do Perceptron

Podemos exemplificar a operacionalidade de um Perceptron com os seguintes valores iniciais:

$x = [1.2, 0.8, 3.0]$

Os pesos iniciais são aleatoriamente definidos como:

$w = [0.9, 1, 0.5]$

E o valor do bias (w_0) será 0.5.

Assim, inicialmente, ocorre a multiplicação dos atributos de entrada com o peso, resultando em:

$$\sum x_i w_i = 1.2 \times 0.9 + 0.8 \times 1 + 3.0 \times 0.5$$
$$\sum x_i w_i = 1.08 + 0.8 + 1.5$$
$$\sum x_i w_i = 3.38$$

A esse valor somamos o bias, assim tendo:

$$u_k = \sum x_i w_i + w_0$$
$$u_k = 3.38 + 0.5$$
$$u_k = 3.88$$

Esse valor é utilizado como entrada da função de ativação, que nesse caso é uma função de sinal. Então $f(u_k) = f(3.88)$

Como 3.88 é maior do que zero, então o Perceptron (neurônio) foi ativado.

5.5 Treinamento de um Perceptron

Ao entender como é o funcionamento de um Perceptron, fica mais simples identificar como deve ocorrer o seu treinamento. Para isso, é preciso ter dois conjuntos de dados, um com os valores de entrada conhecidos e outro com as saídas esperadas também conhecidas, ou seja, deve-se validar a entrada com a saída desejada.

Dessa forma, inicialmente devemos ter:

- Conjunto de treinamento T.
- Conjunto de resposta RT.

É importante ressaltar que a saída esperada é somente a ativação ou não do Perceptron, ou seja, por meio dessa ação identificar se os dados de entrada pertencem a uma classe de saída ou não.

Nos casos em que o valor de saída seja maior ou igual a um valor predefinido, então pertencem a uma classe de saída, já para os demais casos (menores que o valor informado), então, pertencem a outra classe.

Portanto, durante todo treinamento de um Perceptron, é preciso identificar quais dados de entrada devem ativá-lo para que façam parte de uma classe, e quais não devem, separando então os conjuntos de dados de entrada e saída em dois subconjuntos:T1 e T2 de entrada e RT1 e RT2 de saída, de tal forma que:

$$T = T1 \cup T2$$
$$RT = RT1 \cup RT2$$

No caso T1, são os atributos de entrada que ativam o Perceptron, e no T2 são os conjuntos que não ativam. Podemos também associar como RT1 pertencente à classe 1 de ativação, e RT2 pertencente à classe 2 de não ativação.

Essa denominação de classe pode ser melhor entendida com o seguinte exemplo: em T1 temos os valores de entrada que resultam em um potencial de ativação **positivo** que ative o Perceptron. Já para T2 temos todos os demais valores de entrada que resultem em valores negativos, não ativando o Perceptron.

Nesse caso, os valores esperados para RT1 são:

RT1 = 1, 2,1.5, 20, 59...

Ou seja, qualquer número positivo, podendo representar RT1 como:

$n \in RT1$, de tal forma que $n \geq 0$.

Já para RT2, os valores esperados são:

RT2 = -1, -0.7, -20, -99...

Em que temos:

$n \in RT2$, de tal forma que $n < 0$.

Após ser feita a separação entre quais valores de entrada retornam valores positivos e quais retornam valores negativos, devemos então seguir para o envio das entradas para o Perceptron de forma que este as execute e emita se o mesmo foi ou não ativado, permitindo, assim, analisar a sua saída.

Esse envio, chamada do Perceptron, ocorre de maneira iterativa em um *loop* durante *n* repetições.

A cada execução do Perceptron com os dados de entrada, ocorre uma comparação com a saída esperada. Com base nesse valor, são feitos ajustes nos valores dos pesos do Perceptron e do valor de bias, com objetivo de minimizar o erro.

Essa atualização dos valores, que ocorre durante o treinamento, é que faz com que o Perceptron consiga melhorar a taxa de acertos, pois garante uma atualização dos valores durante o seu treinamento.

A quantidade de repetições que vão ocorrer durante o treinamento é variada, não sendo sempre um número definido, deve-se considerar um limite de ocorrências que seja válido para cada situação. Por exemplo, 1.000 (mil) repetições, 100.000 (cem mil), o que vai definir é a complexidade do problema.

Quando o Perceptron chegar a esse limite, então, o treinamento está finalizado e os valores dos pesos e do bias ajustados, independentemente se tiver ou não alcançado o melhor ajuste.

5.6 Exemplo do treinamento

Para exemplificar o treinamento de um Perceptron, vamos considerar a seguinte situação: a entrada é constituída por dois atributos, e a saída é definida em função destes dois atributos, onde temos que, caso o resultado seja maior ou igual a um determinado valor, então o Perceptron é ativado, caso contrário, não.

Dessa forma, conseguimos utilizar o Perceptron para determinar duas classes: as que possuem atributos de entrada que resultam em um valor acima ou igual ao esperado e o outro conjunto de dados que possuem valores que resultam em um número menor.

Em comparação com o exemplo do Perceptron apresentado anteriormente, vamos considerar somente dois atributos, e na função de ativação a verificação será se o número único apresentado for maior ou menor do que um valor, sendo este maior do que zero.

Essa alteração na função ativação é importante, pois possibilita entender que o Perceptron não precisa somente identificar se os números resultantes são maiores ou menores do que zero, ou seja, se têm ou não sinal negativo. Ao contrário, podemos identificar se os números resultantes são maiores ou menores do que um determinado valor.

Vamos então considerar que o conjunto de entrada conhecido é composto por três conjuntos de dados:

t1 = [1, 0]
t2 = [2, 3]
t3 = [2, 1]

E, para cada um deles, espera-se que t1 e t3 identifiquem a classe C1, ativando o Perceptron. Já para o valor de entrada t2, não ocorre a ativação, pertencendo então à classe C2.

Repare que, para os conjuntos t1 e t3, o primeiro valor é maior do que o segundo valor:

t1 -> 1 > 0
t3 -> 2 > 1

e, para t2, temos que o primeiro valor é menor do que o segundo:

t2 -> 2 < 3

Essa regra sobre os dados de entrada que permitem fazer a classificação entre C1 e C2 é de conhecimento humano, e o esperado é que o Perceptron consiga identificar essa característica e assim separe em dois grupos os dados de entrada.

Essa questão de pertencer ou não a uma classe é o que torna o Perceptron tão poderoso, pois não indicamos qual deve ser o valor esperado como saída mediante cada entrada. Ao contrário, deixamos o número resultante em aberto, indicando um valor divisório, o qual tem como função indicar quais valores de entrada pertencem a cada classe conforme ativam ou não o Perceptron.

Nesse exemplo, t1 e t3 pertencem à mesma classe de resposta, já t2 pertence a outra. A função do Perceptron é, por meio da variação dos pesos da entrada, chegar nos pesos corretos de modo que essa classificação seja verdadeira.

Então vamos considerar que o Perceptron irá receber como valores de entrada a sequência t1, t2 e t3. Na primeira execução do Perceptron os pesos são definidos aleatoriamente. Nesse caso, vamos considerar os seguintes valores de pesos iniciais:

$w = [0.5, 0.5]$

E para o valor de bias (w_0) vamos considerar:

$w_0 = 1.$

Vamos executar para:

$t1 = [1, 0]$

Assim temos a multiplicação dos atributos de entrada com o peso, resultando em:

$$\sum x_i w_i = 1 \times 0.5 + 0 \times 0.5$$
$$\sum x_i w_i = 0.5 + 0$$
$$\sum x_i w_i = 0.5$$

A esse valor somamos o bias, tendo:

$$u_k = \sum x_i w_i + w_0$$
$$u_k = 0.5 + 1$$
$$u_k = 1.5$$

Esse valor de 1.5 deve indicar a classe 1, de ativação do Perceptron.

Vamos executar com a segunda entrada:

$t2 = [2, 3]$
$\sum x_i w_i = 2 \times 0.5 + 3 \times 0.5$
$\sum x_i w_i = 1 + 1,5$
$\sum x_i w_i = 2.5$

A esse valor somamos o bias, assim, tendo:

$u_k = \sum x_i w_i + w_0$
$u_k = 2.5 + 1$
$u_k = 3.5$

Nesse ponto, identificamos um valor bem diferente do primeiro, então, até o momento na função de ativação, pode ser definido que valores menores ou iguais a 1.5 ativam o Perceptron.

Vamos executar para o terceiro caso:

$t3 = [2, 1]$
$\sum x_i w_i = 2 \times 0.5 + 1 \times 0.5$
$\sum x_i w_i = 1 + 0,5$
$\sum x_i w_i = 1.5$

A esse valor somamos o bias, assim, tendo:

$u_k = \sum x_i w_i + w_0$
$u_k = 1.5 + 1$
$u_k = 2.5$

Como t3 pertence à mesma classe de t1, identifica-se um impasse com o critério anterior, fazendo com que o valor para ativação seja ajustado para que ocorra quando u_k for menor ou igual a 2.5.

Para esses três casos, o ajuste foi rápido, vamos agora considerar a inserção de dois novos elementos:

t4 = [4, 7], pertencente à classe C2

t5 = [6, 2], pertencente à classe C1

Vamos executar o Perceptron para elas:

t4 = [4, 7]

$\sum x_i w_i = 4 \times 0.5 + 7 \times 0.5$

$\sum x_i w_i = 2 + 3{,}5$

$\sum x_i w_i = 5.5$

A esse valor somamos o bias, assim, tendo:

$u_k = \sum x_i w_i + w_0$

$u_k = 5.5 + 1$

$u_k = 6.5$

Vamos também executar para o t5:

t5 = [6, 2]

$\sum x_i w_i = 6 \times 0.5 + 2 \times 0.5$

$\sum x_i w_i = 3 + 1$

$\sum x_i w_i = 4$

A esse valor somamos o bias, assim, tendo:

$u_k = \sum x_i w_i + w_0$

$u_k = 4 + 1$

$u_k = 5$

Assim, podemos montar uma tabela com os resultados obtidos:

Entrada	Valor 1	Valor 2	Peso 1	Peso 2	Bias	Potencial de ativação	Classe
t1	1	0	0.5	0.5	1	1.5	C1
t2	2	3	0.5	0.5	1	3.5	C2
t3	2	1	0.5	0.5	1	2.5	C1
t4	4	7	0.5	0.5	1	6.5	C2
t5	6	2	0.5	0.5	1	5	C1

Temos valores intercalados, ou seja, em que C1 e C2 se cruzam. Com isso não é possível nesse momento identificar quais valores dos pesos e do bias devem ser adotados de forma a separar os dados de entrada nessas duas classes (C1 e C2).

Para conseguir solucionar esse caso, o Perceptron precisa ir ajustando os valores dos pesos e do bias até chegar em valores que consigam fazer a distinção conforme o esperado. Esse ajuste é aleatório, até encontrar a classificação esperada.

Nesse exemplo, um valor que atende ao esperado é:

Entrada	Valor 1	Valor 2	Peso 1	Peso 2	Bias	Potencial de ativação	Classe
t1	1	0	0.1	0.8	1	1.1	C1
t2	2	3	0.1	0.8	1	3.6	C2
t3	2	1	0.1	0.8	1	2	C1
t4	4	7	0.1	0.8	1	7	C2
t5	6	2	0.1	0.8	1	3.2	C1

Por meio dessa definição dos pesos e dos bias, o Perceptron consegue determinar que os valores menores que 3.6 pertencem à classe C1 e, nos demais casos, à classe C2. Isso considerando os tributos de entrada inseridos.

Conforme forem aparecendo novos valores de entrada e suas classificações, o Perceptron vai ajustando os pesos de forma a manter o funcionamento esperado, tornando-se, assim, uma poderosa ferramenta, pois o aprendizado é contínuo.

Um ponto importante é quanto ao valor do bias. Nesse caso, ele serviu para aumentar o potencial de ativação; desse modo, o bias serve como meio de aumentar o intervalo do limite aceito pelo neurônio artificial, conforme a Figura 5.5 a seguir.

Figura 5.5 – Impacto do bias no resultado do processamento.

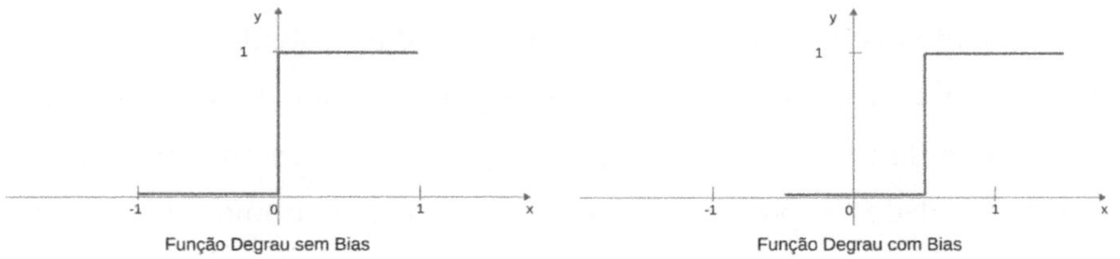

Fonte: Elaborada pelo autor, 2025.

A operacionalidade do Perceptron é simples e, apesar disso, conseguiu representar a forma de atuação dos neurônios de maneira muito próxima do que realmente ocorre biologicamente, em que, conforme os estímulos recebidos, um neurônio pode ou não ser empregado para atuar em um problema.

5.7 Arquitetura do Perceptron

A arquitetura do Perceptron é bem simples, chamada de *feedforward*, podendo ser traduzida como arquitetura de avanço, na qual a sequência de processamento é linear, ou seja, os dados são inseridos via camada de entrada, passam pelo processamento interno, e então o resultado é apresentado na camada de saída. Dessa forma, podemos dizer que a arquitetura do Perceptron opera com camada única.

Essa arquitetura permite que a implementação e o uso do Perceptron sejam fáceis, pois a compreensão de como o neurônio artificial opera pode ser bem compreendido, identificando falhas ou melhorias que poderiam ser empregadas nas funções de ativação.

Na idealização desse modelo, foi previsto que um Perceptron pudesse ser integrado com outros mediante a conexão entre a camada de saída de um Perceptron e a camada de entrada de um subsequente, assim permitindo criar uma rede de Perceptrons. Essa rede neural segue a arquitetura: *feedforward*.

Quanto maior o número de camadas ocultas existentes na rede, maior é o potencial da rede neural artificial, pois permitirá que diversos parâmetros provenientes da camada de entrada sejam processados e seus pesos ajustados conforme o dado for percorrendo a sequência dos neurônios até chegar na camada de saída.

5.8 Conclusões

O salto tecnológico do Perceptron é muito maior quando considerado o momento histórico em que surgiu, em comparação com as tecnologias que o cercavam quando foi divulgado.

A proposta do Perceptron e sua simplificação em como ser utilizado para representar os neurônios abriram as possibilidades do emprego das redes neurais para solucionar problemas, e tudo feito inicialmente de forma matemática, calculando as chances de que equações conseguissem reproduzir as formas como pensamos.

Essa contribuição foi um elo muito grande para construir uma ponte entre o conceito biológico com o tecnológico. Ainda não estamos tratando dos meios de fazer com que neurônios atuassem em parceria, conectados entre si, mas sim do elemento mais básico para esse fim.

Pensar no neurônio artificial como a menor estrutura necessária para podermos construir uma rede mais complexa é até simplista na identificação dessa expressão, de que se conseguiu reproduzir uma das células especializadas mais complexas existentes no corpo humano.

Associado a isso, o fato de que um Perceptron pode continuar aprendendo mesmo após estar implantado em produção faz desta uma ferramenta muito importante, que pode ser empregada em diversos tipos de usos, pois o aprendizado não é estático, mas dinâmico. Assim, ter o conceito de um neurônio artificial que continua aprendendo é muito revolucionário. É a idealização de como o cérebro age, de aprender e se adaptar conforme surgirem novas informações. E assim utilizando aprendizados passados como forma de embasar a complementação de dados futuros.

O Perceptron foi um dos maiores marcos tecnológicos feitos pela humanidade, porém acabou sendo limitado quanto a sua possibilidade de expansão em virtude das restrições de emprego até então existentes na metade do século passado.

Capítulo 6

Adaline e Madaline

6.1 Introdução

A concepção do Perceptron foi um marco nos estudos e nas pesquisas das RNAs, principalmente por trazer uma luz quanto às possibilidades de criar um neurônio artificial que tivesse um comportamento muito similar ao biológico. Isso porque o Perceptron trouxe a possibilidade de aprender por meio dos ajustes dos pesos, não sendo necessária uma intervenção humana que apresentasse, logo na concepção e no uso, quais seriam as suas variáveis.

Evolutivamente, as possibilidades de uso do Perceptron proporcionam melhorias. Em 1960, dois anos após a divulgação dessa rede, o professor Bernard Widrow, da Universidade de Stanford, e seu aluno de doutorado Ted Hoff, apresentaram o Adaline (*Adaptive Linear Element*), que pode ser traduzido como um elemento linear adaptativo, e tinha como principal diferença quanto ao Perceptron o algoritmo de treinamento, o qual ficou conhecido como Regra Delta.

A Regra Delta é um algoritmo de treinamento que consegue adaptar os pesos do Adaline por meio do uso de um algoritmo de Gradiente Descendente Estocástico (*Stochastic Gradient Descent* – SGD). Esta proposta do SGD, de 1960, ainda é utilizada como algoritmo para treinamento de redes neurais nos dias atuais.

Assim como o Perceptron, o Adaline consegue classificar uma entrada entre duas classes possíveis, podendo substituir o emprego do Perceptron, trazendo melhorias para ele e mantendo as mesmas características iniciais de valores de entrada e no formato da saída.

O comparativo entre a arquitetura do Perceptron com a do Adaline é visto na Figura 6.1.

Figura 6.1 – Comparativo da arquitetura do Perceptron com o Adaline

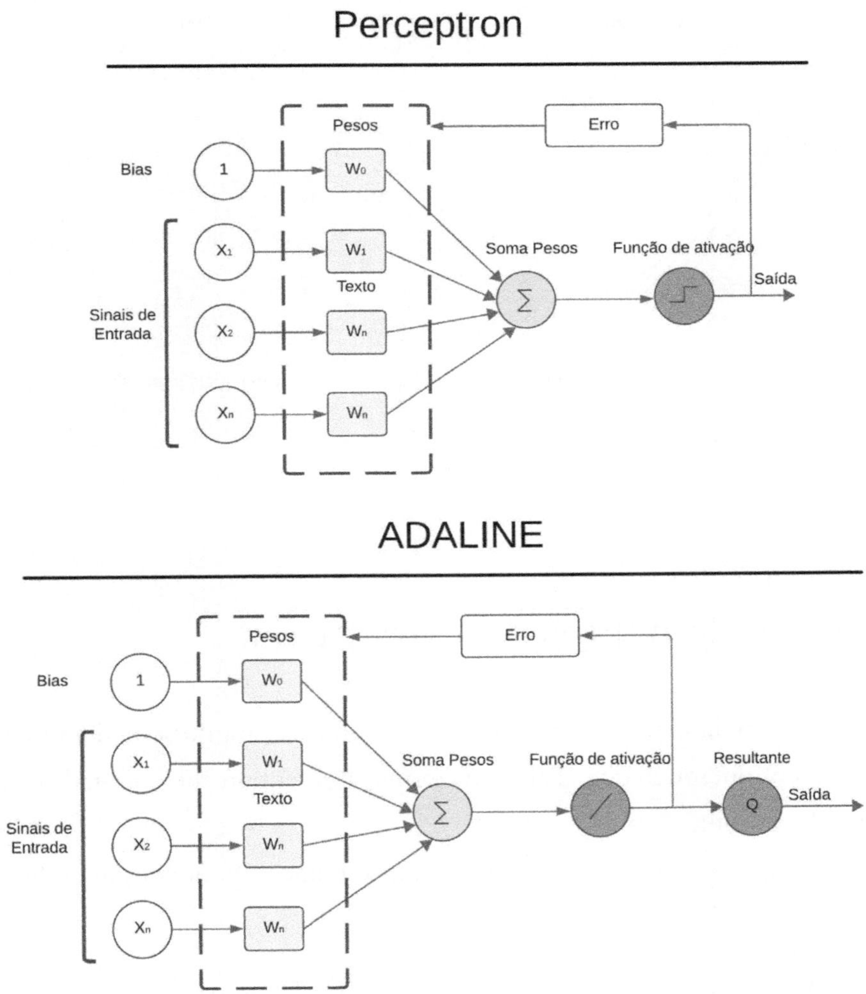

Fonte: Elaborada pelo autor, 2025.

Os resultados obtidos para o Adaline são melhores, pois apresentam uma única solução.

Figura 6.2 – Comparativo da função de ativação do Perceptron com o Adaline

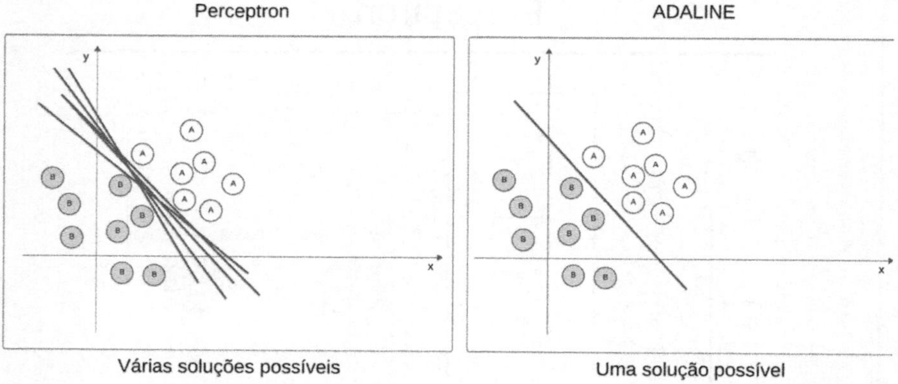

Fonte: Elaborada pelo autor, 2025.

6.2 Fundamentos do Perceptron

Os fundamentos operacionais do Adaline são muito semelhantes aos do Perceptron, sendo que, da mesma forma, apresentam como entrada os valores dos atributos.

Podemos considerar a seguinte representação para compreender os fundamentos do Adaline:

- x_i = atributos de entrada;
- k = quantidade total de atributos;
- y = saída do Perceptron;
- w_0 = bias;
- w_i = pesos para cada atributo;
- u_k = valor único;
- $f(u_k)$ = identificador da função de ativação.

Assim, podemos ter como atributos de entrada:

$x=[x_1, x_2, x_3, ..., x_k]$

Esses valores de entrada x são multiplicados com os valores dos pesos:

$w=[w_1, w_2, w_3,...,w_k]$

Em que podemos representar a soma das multiplicações por:

$\sum x_i w_i = x_{11} \text{ x } w_{11} + x_{12} \text{ x } w_{21} + x_{13} \text{ x } w_{31} ...+ x_{1k} \text{ x } w_{k1}$

Esse valor é somando com o valor de bias (w_0):

$u_k = \sum x_i w_i + w_0$

O potencial de ativação u_k obtido é direcionado para o bloco de verificação de erro, o qual pode encaminhar o valor para a função de ativação $f(u_k)$ ou novamente para a entrada do Adaline, de forma que os ajustes possam ser feitos no cálculo do potencial de ativação.

6.2.1 Bloco de verificação de erro

Uma das principais diferenças entre o Perceptron e o Adaline é a adição de um bloco de verificação de erro, o qual analisa e altera os valores dos pesos antes de encaminhar o valor resultante da multiplicação dos atributos de entrada com os pesos para a função de ativação.

Esse bloco de verificação de erro tem como principal objetivo ajudar no treinamento do Adaline, e pode ser representado por:

$erroADALINE = d_k - u_k$

Em que u_k é o potencial de ativação e d_k é o valor desejado. Dessa forma, esse bloco consegue identificar e atuar na diferença entre o valor esperado e o obtido.

Quanto ao valor desejado d_k, este se refere aos valores esperados para cada entrada, ou seja, os valores que identifiquem se a entrada x pertence a uma ou outra classe.

Esses valores devem ser conhecidos e informados, de forma que seja possível realizar o treinamento do Adaline, auxiliando no treinamento do neurônio artificial.

A diferença com relação ao cálculo do erro realizado pelo Perceptron é que este considera:

$$\text{erroPerceptron} = d_k - f(u_k)$$

Ou seja, o Perceptron calcula o erro entre o valor desejado e o obtido somente após a execução da função de ativação. O impacto de fazer a verificação antes de o valor ser enviado para a função de ativação é possibilitar ao neurônio artificial a correção dos valores de peso e bias antes de chegar nessa etapa que se chama função de ativação, com isso definindo se o Adaline será ou não ativado.

6.2.2 Regra Delta

A inserção da Regra Delta na etapa da execução de treinamentos do Adaline foi um fator que tornou esse neurônio artificial muito mais distinto em comparação com o Perceptron, visto que essa forma de treinar os neurônios artificiais permitiu maior liberdade e controle pelo próprio processo.

A Regra Delta utiliza como base o Gradiente Descendente ou Mínimos Quadrados. Sua premissa é auxiliar a encontrar os pesos e os bias que minimizem a diferença entre d_k e u_k em função do Erro Quadrático Médio (EQM).

Para isso, aplica-se a equação matemática para cada valor de peso:

$$Eqm(W) = \frac{1}{p}\Sigma_{k-1}^{p}(d^k - u)^2$$

Em que temos:

$E_{qm}(w)$ = Cálculo do erro quadrático médio para todos os pesos
p = Quantidade de iterações de treinamento
k = contador da iteração
d = valor esperado para a k-ésima amostra
u_k = potencial de ativação

Dessa forma, durante a quantidade de iterações do processo de treinamento previamente definidas, o valor do peso, que será multiplicado com os atributos de entrada, será sempre ajustado.

6.3 Funcionamento do Adaline

O funcionamento do Adaline é muito similar ao do Perceptron, variando principalmente quanto à inclusão da Regra Delta e no tratamento dos valores dos pesos antes de aplicar a função de ativação.

Como o objetivo é que, mediante cada iteração do Adaline, se consiga encontrar os pesos e o valor de bias que minimizem a diferença entre o valor desejado e o potencial de ativação obtido, o Adaline realiza alguns procedimentos que visam atender a essa expectativa. A forma apresentada para isso é tratando o valor do novo peso com o número resultante da soma do valor do peso anterior associado à diferença encontrada.

Para que isso ocorra, inicialmente, considera-se que o valor de $E_{qm}(w)$ é zero, e os valores iniciais dos pesos são os aleatórios, então, obtém-se o potencial de ativação mediante o cálculo:

$$u_k = w^{atual}.x$$

A cada iteração, o novo valor do Erro Quadrático Médio é obtido da seguinte forma:

Para cada elemento de entrada, somam-se todos os valores dos erros quadráticos:

$$E_{qm}(w^{novo}) = E_{qm}(w^{atual}) + (d_k - u_k)^2$$

O resultado dessa etapa, de somar todos os valores dos erros quadráticos médios, pode ser representado como:

$$E_{qm}(w^{novo}) = \sum E_{qm}(w^{atual}) + (d_k - u_k)^2$$

Isso deve ser feito para todo valor de atributo de entrada.

O resultado da soma dividimos pela quantidade de treinamentos requisitada:

$$E_{qm}(w^{novo}) = (\sum E_{qm}(w^{atual}) + (d_k - u_k)^2) / p$$

Dessa forma, obtendo o valor final de $E_{qm}(w^{novo})$.

Com esse valor, deve-se obter o novo valor de peso que vai ser considerado na próxima iteração do treinamento. Isso ocorre da seguinte forma:

$$w(t+1) = w(t) + E_{qm}(w^{novo})$$

Por meio das iterações, é previsto que o valor dos pesos atuais se aproxime do valor desejado, garantindo uma melhor eficácia do procedimento.

Essa equação do Adaline pode ser apresentada de outra forma:

$$w(t+1) = w(t) + \mu.e(t).x(t)$$

O valor do novo peso w(t+1) é igual ao peso atual w(t), somado com a multiplicação entre a taxa de aprendizado μ com o valor do erro e e pelo valor de entrada correspondente x(t). O erro e representa $E_{qm}(w)$.

O valor constante da taxa de aprendizado μ é um número entre 0 e 1, podendo ser representado como:

$$0 < \mu < 1$$

Essa taxa é muito importante, pois, conforme for ajustada, pode acarretar um maior ou menor tempo de aprendizado que chegue no padrão esperado. Quando μ tiver um valor próximo de 0 (zero), ocorre uma convergência mais lenta para o resultado esperado, já no caso contrário, em que μ for um valor maior mais próximo de 1 (um), a convergência será mais rápida, porém não seguirá uma constante.

Contudo, não é recomendado utilizar valores próximos de 1 (um), pois podem ocorrer divergências dos valores, fazendo com que o valor esperado se distanciar do desejado.

Vemos dois exemplos do comportamento esperado do Adaline para cada situação da taxa de aprendizado na Figura 6.3.

Figura 6.3 – Resultado da taxa de aprendizado do Adaline

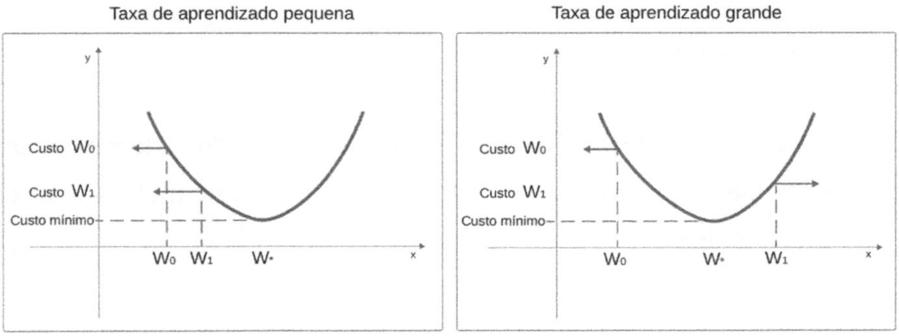

Fonte: Elaborada pelo autor, 2025.

No Perceptron, os ajustes dos valores dos pesos dependiam muito dos aleatórios inicialmente selecionados, então existiam inúmeras possibilidades iniciais de valores, tornando mais complicado obter os melhores valores dos pesos.

Já com a inserção da Regra Delta no Adaline, mesmo com a seleção aleatória dos valores dos pesos iniciais, ocorre uma convergência em busca do melhor valor, a qual acelera o processo da descoberta e faz com que o neurônio artificial encontre mais facilmente os valores ideais para os pesos.

O gráfico mostrado na Figura 6.4 representa o comportamento esperado do peso w, conforme as iterações forem acontecendo.

Figura 6.4 – Relação do treinamento com as iterações

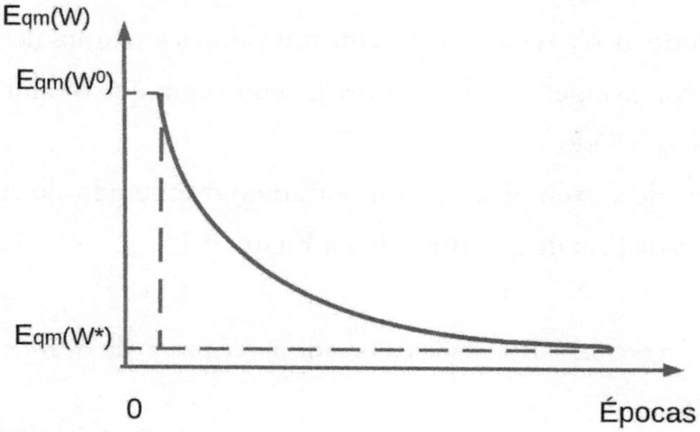

Fonte: Elaborada pelo autor, 2025.

Por meio do gráfico, é possível notar que o esperado é chegar em um valor constante, o qual indica que o Adaline chegou ou no melhor valor ou muito próximo dele.

6.4 Exemplo de funcionamento do Adaline

Tanto o Perceptron quanto o Adaline seguem a arquitetura *feedforward* de camada única, na qual temos que o sentido como as informações percorrem é sempre para adiante, ou seja, iniciando na entrada, seguem em sentido à saída.

Como diferencial, no Adaline ocorre um ajuste interno dos valores antes que o resultado final seja indicado pelo neurônio artificial. Para isso, o Adaline utiliza a Regra Delta, cuja proposta principal é a de encontrar a menor diferença entre os valores desejados previamente informados e o valor do potencial de ativação obtido.

Mediante o emprego do erro médio quadrático entre esses dois valores do esperado e do potencial de ativação encontrado, ocorrem ajustes dinâmicos nos valores dos pesos, permitindo que o neurônio artificial consiga aprender e ajustar seus pesos antes de emitir sua resposta conclusiva, ou seja, antes de classificar os dados de entrada.

Podemos representar o funcionamento do Adaline com o mesmo exemplo utilizado para o Perceptron. No exemplo original do Perceptron procuramos identificar valores positivos ou negativos. Agora vamos considerar que, para o neurônio artificial ser ativado, é preciso que o valor resultante do potencial de ativação seja maior ou igual a 4.0.

Consideremos então os seguintes valores de entrada X e os valores aleatórios de pesos:

$$x = [1.2, 0.8, 3.0]$$

Os pesos iniciais são aleatoriamente definidos como:

$$w = [0.9, 1, 0.5]$$

E o valor do bias (w_0) será 0.5.

Obtendo a tabela simplificada com a multiplicação dos valores:

X	w	x.w
1.2	0.9	1.08
0.8	1.0	0.8
3.0	0.5	1.5

Obtendo a somatória de x.w com o bias, temos:

$$u_k = \sum x_i w_i + w_0$$
$$u_k = 3.38 + 0.5$$
$$u_k = 3.88$$

Agora, no Adaline, antes de enviar esse valor para a função de ativação, é feita a aplicação da Regra Delta, assim, temos de indicar qual será o valor esperado. No caso, como queremos que a ativação seja maior do que 4.0, então podemos tratar como número desejado 4.0.

Considerando o cálculo:

$$E_{qm}(w^{novo}) = E_{qm}(w^{atual}) + (d_k - u_k)^2$$

Em que o $E_{qm}(w^{atual})$ inicialmente é 0, então temos:

$$E_{qm}(w^{atual}) = 0$$
$$d_k = 4.0$$
$$u_k = 3.88$$

Substituindo, temos:

$$E_{qm}(w^{novo}) = 0 + (4.0 - 3.88)^2$$

Resultando em:

$$E_{qm}(w^{novo}) = 0.0144$$

Considerando nesse caso que o número de repetições será somente 1 (um), então temos que:

$E_{qm}(w^{novo}) = E_{qm}(w^{novo}) / p$

$E_{qm}(w^{novo}) = E_{qm}(w^{novo})$

Com esse novo valor $E_{qm}(w^{novo}) = 0.0144$, calculamos os novos pesos, fazendo:

$w(t+1) = w(t) + E_{qm}(w^{novo})$

Assim, teremos:

x	w	x.w
1.2	0.9144	1.0973
0.8	1.0144	0.8115
3.0	0.5144	1.5432

Resultado em:

$u_k = \sum x_i w_i + w_0$

$u_k = 3.452 + 0.5$

$u_k = 3.952$

Ou seja, o resultado ficou melhor, porém ainda não chegou no valor desejado. No caso, como fizemos considerando somente uma repetição, então, o valor final para o Adaline seria 3.952.

Se, ao invés de somente uma iteração, ocorressem duas repetições, teríamos:

Primeira repetição:

Considerando o cálculo:

$E_{qm}(w^{novo}) = E_{qm}(w^{atual}) + (d_k - u_k)^2$

Em que o $E_{qm}(w^{atual})$ inicialmente é 0, então temos:

$E_{qm}(w^{atual}) = 0$
$d_k = 4.0$
$u_k = 3.88$

Substituindo temos:

$E_{qm}(w^{novo}) = 0 + (4.0 - 3.88)^2$
Resultando em:
$E_{qm}(w^{novo}) = 0.0144$

Nesse ponto, teremos como número de repetições 2 (dois), então temos que:

$E_{qm}(w^{novo}) = E_{qm}(w^{novo}) / p$
$E_{qm}(w^{novo}) = 0.0144 / 2$
$E_{qm}(w^{novo}) = 0.0072$

Com esse novo valor calculamos os novos pesos, fazendo:

$w(t+1) = w(t) + E_{qm}(w^{novo})$

Assim teremos:

x	**w**	**x.w**
1.2	0.9072	1.0886
0.8	1.0072	0.8058
3.0	0.5072	1.5216

Resultando em:

$u_k = \sum x_i w_i + w_0$

$u_k = 3.416 + 0.5$

$u_k = 3.916$

Agora, indo para a segunda repetição, temos:

$E_{qm}(w^{novo}) = E_{qm}(w^{atual}) + (d_k - u_k)^2$

Em que o $E_{qm}(w^{atual})$ é:

$E_{qm}(w^{atual}) = 0.0072$

$d_k = 4.0$

$u_k = 3.916$

Substituindo, temos:

$E_{qm}(w^{novo}) = 0.0072 + (4.0 - 3.916)^2$

Resultando em:

$E_{qm}(w^{novo}) = 0.0072 + 0071$

$E_{qm}(w^{novo}) = 0.0143$

$E_{qm}(w^{novo}) = E_{qm}(w^{novo}) / 2$

$E_{qm}(w^{novo}) = 0.0072$

Com isso, resultando na mesma tabela obtida anteriormente:

x	w	x.w
1.2	0.9072	1.0886
0.8	1.0072	0.8058
3.0	0.5072	1.5216

Que irá resultar novamente em:

$$u_k = \sum x_i w_i + w_0$$
$$u_k = 3.416 + 0.5$$
$$u_k = 3.916$$

Ou seja, com duas iterações e com o arredondamento de quatro casas após a vírgula, temos uma convergência da função do Adaline.

Apesar de parecer simples, identificar quantas iterações são precisas para que o neurônio artificial venha a convergir em um valor é complexo, pois não é trivial saber exatamente quantas repetições serão necessárias.

Muitas vezes opta-se por utilizar um número predefinido de repetições, e o resultado obtido é aceito como o melhor resultado possível.

6.5 Madaline

Com a proposta de neurônios artificiais, surgiu a ideia de expandir para obter uma rede desses neurônios integrados entre si, chamada de Madaline (Multi-Adaline), a qual continha diversos Adaline conectados entre si.

Essa rede neural foi idealizada também por Bernard Widrow e Marcian Hoff, em 1959, sendo a primeira rede neural que conseguia solucionar um problema real. Foi um fator determinante, pois indicava a efetividade das aplicações da solução.

A aplicação tratava de analisar as linhas telefônicas e identificar falhas ou ecos existentes, atuando como um filtro que os eliminava. Apesar de conter os neurônios artificiais, cujo treinamento é relativamente simples, o mesmo não aconteceu com o Madaline, no qual a parte de treinar a rede se mostrou muito complexa.

Além da complexidade, a forma como o Madaline foi construído limitava a sua função, isso porque era preciso ter meios de otimizar o ajuste dos pesos, porém, naquele momento, isto não era possível.

A arquitetura do Madaline era de três camadas, sendo uma de entrada, uma oculta e outra de saída. O uso indicado dessa rede era para problemas de classificação e utilizava as unidades de Adaline tanto na camada oculta quanto na de saída.

Vemos a arquitetura do Madaline na Figura 6.5. A sua composição é pela conexão de ADALINES entre si e com as camadas de entrada e de saída.

Figura 6.5 – Arquitetura do Madaline

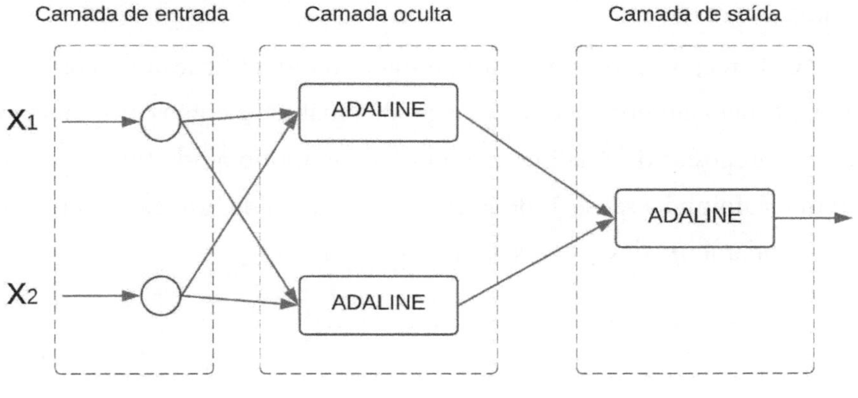

Fonte: Elaborada pelo autor, 2025.

Devido às suas características, não era possível empregar a retropropagação, principalmente pelo fato de o sinal da função não ser diferenciável, limitando tanto o treinamento quanto o uso dessa proposta de rede.

6.6 Conclusões

O surgimento do Adaline demonstrou que as possibilidades evolutivas do uso dos neurônios artificiais tinham ainda muito a evoluir, apesar de ter uma apresentação muito próxima do Perceptron.

Com a definição e o emprego da Regra Delta, o Adaline conseguiu apresentar técnicas até então avançadas que são utilizadas atualmente. Nesse contexto, mais de meio século depois, ainda utilizamos os parâmetros e as técnicas desenvolvidas até então.

Uma característica negativa do Adaline é a questão de só poder ser empregado para classificar uma informação de entrada em dois grupos, o que era o começo da necessidade de se expandir as formas de uso e integração das RNAs.

O Perceptron foi um ponto de início na identificação de como converter o funcionamento neural em algo matemático, e então computacional. Com as propostas do Adaline, ficou claro que muito ainda tinha a evoluir, porém o caminho a ser seguido já estava bem definido: utilizar o Perceptron como fundamento dos estudos das redes neurais.

Capítulo 7

Perceptron Multicamadas (*Multi Layer Perceptron* - MLP)

7.1 Introdução

Utilizando como base os estudos de Hopfield de 1982, alguns anos depois, em 1986, os três pesquisadores David E. Rumelhart (1942-2011), Geoffrey E. Hinton (1947-) e Ronald J. Williams (1945-2024) publicaram um artigo em que apresentavam a retropropagação (do inglês *backpropagation*), e com isso revolucionaram os estudos das redes neurais, possibilitando que novos estudos e aplicações fossem feitos.

O livro publicado por Rumelhart e James L. McClelland (1948-), em 1986, com o título **Parallel Distributed Processing**, consolidou o termo retropropagação. A retropropagação permitia que as camadas intermediárias do Perceptron conseguissem ser corrigidas durante a execução, apresentando uma forma de solucionar a limitação do Perceptron e permitindo que ele fosse aplicado em problemas mais complexos.

A proposta do funcionamento da retropropagação, também chamada de retropropagação de erro, é o conceito apresentado no Adaline, com o emprego do método de gradiente descendente para cálculo do erro.

Então surgiu efetivamente o conceito das RNAs compostas por Perceptrons conectados entre si e distribuídos em três camadas.

7.2 Arquitetura do Perceptron Multicamada

A arquitetura do Perceptron Multicamadas é conceitualmente simples, sendo uma ampliação do que foi proposto no Perceptron, porém com a distribuição das unidades lógicas por camadas bem distintas que possuem tarefas bem definidas para o processamento da rede neural artificial.

As três camadas são:

- Camada de entrada;
- Camada oculta;
- Camada de saída.

A Figura 7.1 apresenta a arquitetura do Perceptron Multicamadas, que é composto por diversos Perceptrons conectados entre si e divididos em camadas.

Figura 7.1 – Arquitetura do Perceptron Multicamadas

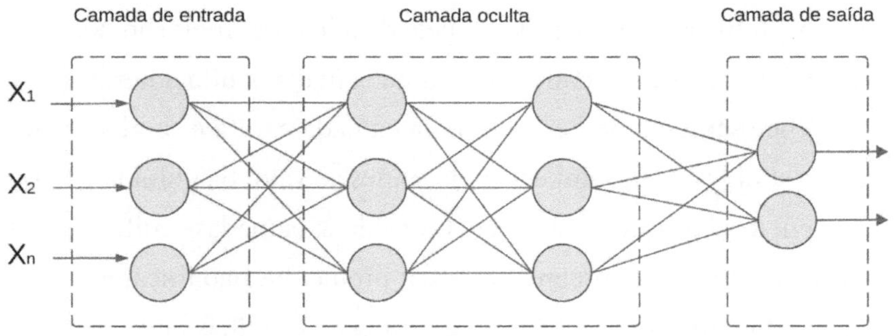

Fonte: Elaborada pelo autor, 2025.

A proposta da conectividade dos Perceptrons para formar uma rede segue os mesmos princípios operacionais de um Perceptron, em que a entrada dos atributos são processados e sua saída é convertida em um único ponto.

A **Camada de Entrada** mantém a mesma funcionalidade do Perceptron. No entanto, em vez de os atributos de entrada serem todos processados em um único Perceptron, eles são direcionados para todos os neurônios que fazem parte da **camada oculta**. Dessa forma, dependendo da quantidade de Perceptrons que existem na camada oculta, cada um deles irá receber os atributos de entrada.

Essa medida faz com que a entrada seja processada e analisada por vários Perceptrons ao mesmo tempo, e, conforme a definição dos valores dos pesos, que é aleatória, cada neurônio vai apresentar um comportamento distinto, ou seja, cada Perceptron vai realizar processamentos dos dados de entrada de maneira isolada, sem saber como os demais dessa camada estão se comportando.

A **camada oculta** está localizada entre a de entrada e a de saída, sendo que cada camada oculta apresenta um conjunto de Perceptrons conectados entre si e que processam os dados de entrada. Ela pode conter uma ou mais camadas de Perceptrons conectados. Nesse caso, cada camada oculta posterior processa os dados da anterior, gerando uma sequência. O diferencial do Perceptron Multicamada é a possibilidade de adicionar mais camadas, sendo que a nova irá processar os dados obtidos na camada oculta anterior.

O processamento do Perceptron da camada oculta é similar ao de um Perceptron simples, com a aplicação dos pesos ao valor da entrada e o uso do resultado em uma função de ativação. É devido às camadas ocultas que o Perceptron Multicamadas consegue processar problemas não lineares.

Quando temos uma rede neural artificial com duas ou mais camadas ocultas, ela é chamada de rede neural profunda. Nesse caso, não é possível identificar a forma como o processamento dos dados de entrada foi feito, ou seja, não se pode reproduzir matematicamente como o Perceptron realizou os cálculos, por isso a denominação de camada oculta.

A **camada de saída** é a última camada do Perceptron Multicamadas e apresenta mais de um valor resultante, ou seja, enquanto o simples convergia em um único valor de saída, o Multicamadas apresenta algumas saídas para o processamento realizado, conseguindo apresentar melhores respostas para questões não lineares que tendem a ser mais complexas.

O Perceptron Multicamadas herdou a evolução que ocorreu no Perceptron e deu origem ao Adaline, empregando o uso do cálculo do erro de maneira interna para melhorar o processamento dos pesos de entrada e do bias incorporados na proposta da RNA.

No caso da forma como ocorre o cálculo do erro e de como o valor de ajuste é utilizado, ficou conhecido como retropropagação. Esse foi um dos principais pontos de melhorias que a rede neural apresentou e que possibilitou novos estudos e empregos, pois permitiu que ela pudesse aprender conforme cada repetição do processamento fosse ocorrendo.

7.3 Retropropagação

A retropropagação revolucionou o uso e o treinamento das redes neurais por fazer com que elas sejam direcionadas para o resultado esperado, isso simplesmente ao informar durante o treinamento quais os valores esperados e, conforme os pesos fossem ajustados, que o resultado da rede fosse o mais próximo possível do esperado.

Podemos então representar o treinamento do Perceptron Multicamadas com a entrada dos atributos, a fase do processamento e a saída resultante. Um dos conceitos empregados que permitiram que a rede neural demonstrasse sua aplicabilidade e possibilidades de uso foi o emprego do algoritmo de retropropagação (*backpropagation*).

Esse algoritmo é dividido em duas etapas: propagação para frente (*forward pass*) e propagação para trás (*backward pass*), as quais fazem com que o processo de aprendizado ocorra de maneira mais eficaz. Vamos compreender como as etapas atuam para treinar a rede.

7.3.1 Propagação para frente (*forward pass*)

É a etapa que direciona os dados de entrada da camada de entrada para a oculta da RNA, encaminhando os dados para que possam ser processados. Conforme cada camada oculta for finalizando o processamento e gerando os valores de saída, eles são direcionados para a entrada da próxima camada oculta até alcançarem a camada de saída da rede.

A propagação é então a ação de direcionar os valores para os neurônios que se encontram na camada posterior, fazendo com que os dados se propaguem por meio das camadas até chegar na saída.

Nesse momento, ocorre a comparação entre o valor obtido e o desejado, então, o valor do erro é atingido para cada neurônio de saída, conseguindo melhorar o aprendizado da rede para diminuir o valor do erro.

7.3.2 Propagação para trás (*backward pass*)

Conforme o processamento da rede neural finaliza com o término da propagação direta, inicia-se a etapa da retropropagação. Nessa fase, o erro, calculado a partir da diferença entre o valor desejado e o valor obtido, é empregado para melhorar os valores dos ajustes dos pesos.

As duas etapas geram um ciclo de ativação, ou seja, uma iteração de treinamento da RNA. Esta iteração ocorre com uma passagem inicial percorrendo a rede para frente e outra para trás, obtendo assim o melhor ajuste de pesos da rede neural.

Na Figura 7.2 temos a representação das propagações em uma rede neural de Perceptron.

Figura 7.2 – Representação da propagação para frente e para trás

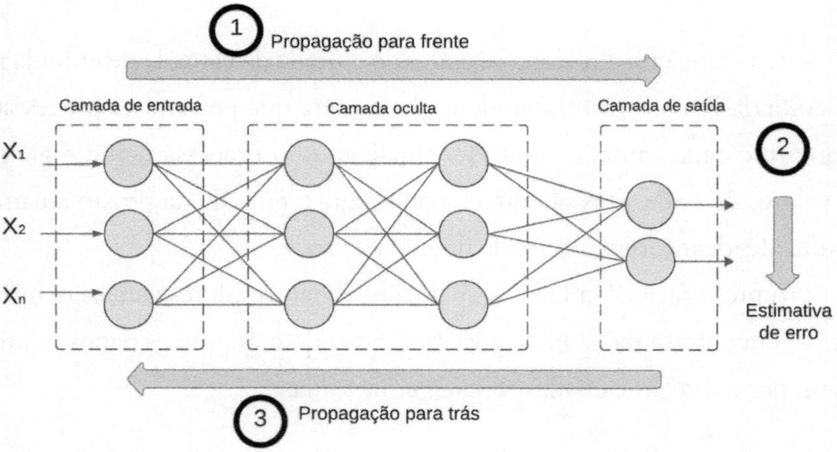

Fonte: Elaborada pelo autor, 2025.

Nessa passagem para a frente, o peso é obtido de maneira aleatória e utilizado para se obter o valor do erro. Depois a rede foca na camada anterior à saída e calcula como foi a relação de cada conexão para o erro, ajustando e atualizando todos os pesos das conexões de forma a diminuir o valor do erro – processo que é chamado de gradiente descendente.

Vemos a representação desse processamento da informação na Figura 7.3. A cada camada, conforme os dados de entrada vão passando, o resultado fica mais próximo do esperado, no caso, a compreensão de como deve ser a classificação dos elementos.

Figura 7.3 – Funcionamento da retropropagação

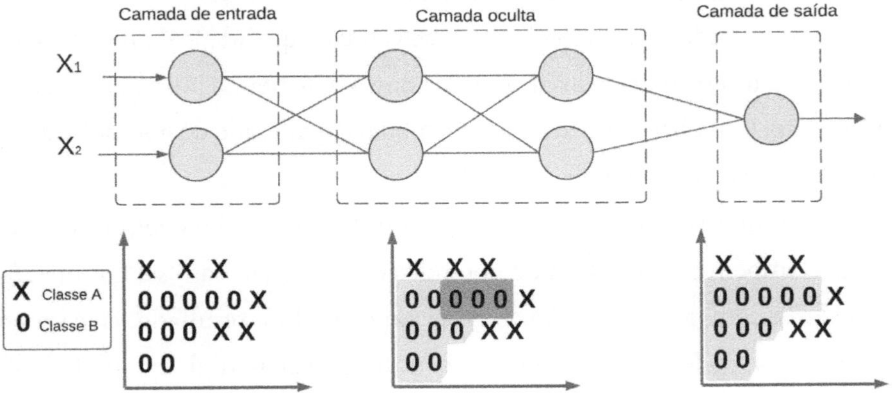

Fonte: Elaborada pelo autor, 2025.

O ciclo de ativação precisa de um ponto de parada, o qual precisa ser definido para que o aprendizado da rede neural não fique sendo executado sem necessidade. Isso porque, conforme a taxa de aprendizado, o valor resultante de acerto pode convergir e não apresentar melhoras significativas conforme for sendo executado durante o treinamento.

Pode-se optar por três formas de parada: a que deixa a rede sendo executada até chegar à uma determinada taxa de erro (a qual é considerada aceita para o problema proposto); na segunda forma define-se quantas iterações deverão ocorrer durante o treinamento, mesmo que o resultado final não seja o melhor possível; a terceira é uma melhoria da primeira forma, sendo que é adicionada uma verificação quanto à taxa de erro obtida a cada iteração. Quando a taxa começa a aumentar, indica que o melhor treinamento já foi obtido e que agora a rede está se distanciando da melhor solução.

Todas as três técnicas de parada do treinamento são válidas. A maior vantagem da segunda técnica, que consiste indicar a quantidade de repetições do treinamento, é a de o usuário ter o controle de quanto tempo o algoritmo ficará sendo executado. Algo que não acontece nas outras duas formas, pois, conforme for ocorrendo o treinamento, é a rede que indicará se está se aproximando da meta a ser alcançada do valor da taxa ou não.

Após a rede estar treinada, pode-se validar a qualidade do resultado obtido com a inserção de dados de entrada que a rede neural artificial ainda não tinha visto. Com isso, é possível verificar qual a qualidade do aprendizado adquirido ao executar a tarefa.

Da mesma forma como o Perceptron Simples, o Perceptron Multicamadas também possui a taxa de aprendizado η, a qual, caso seja muito alta, pode fazer com que a rede não convirja para o melhor resultado, já, caso seja muito baixa, pode fazer com que a execução da rede neural seja muito lenta.

7.4 Função de ativação

A definição e a escolha da função de ativação são um ponto crucial que determina o êxito do uso da RNA, pois, mediante os critérios definidos na função de ativação, é possível fazer com que um neurônio seja ativado ou não, conseguindo com que ele processe os dados de entrada e entregue a saída correta.

É importante verificar a relação entre a função de ativação e sua derivada, ou seja, a taxa de variação correspondente a um ponto da função. Dessa forma, consegue-se saber exatamente quais são os valores de saída esperados conforme cada entrada recebida.

7.4.1 Função de ativação do tipo degrau

A função de ativação do tipo degrau é eficaz para se tratar de problemas lineares, porém, quando a proposta é empregar uma rede neural para o tratamento de problemas não lineares, deve-se utilizar outras funções de ativação que permitam trazer mais flexibilidade na rede.

A representação gráfica da função e sua derivada é:

Figura 7.4 – Gráfico representando a entrada da função de ativação do tipo degrau e a sua derivada

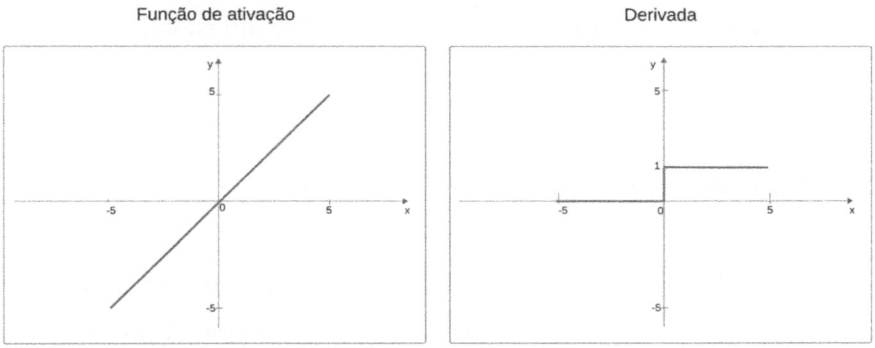

Fonte: Elaborada pelo autor, 2025.

Sendo linear, apresenta limitação em tratar dados mais complexos, além do que a sua derivada é constante, com isso temos que o emprego da função degrau no Perceptron Multicamadas também seria constante, ou seja, não ocorreria um ajuste a cada repetição, o que tornaria impossível utilizar essa função em uma RNA.

A solução encontrada para substituir a função de ativação do tipo degrau foi empregar funções logísticas, isso porque uma função não linear pode apresentar uma derivada diferente de zero, que é bem definida, possibilitando que ocorram melhoras no gradiente descendente conforme percorre as etapas da retropropagação.

7.4.2 Função Linear por Partes

Podemos representar a função de ativação linear por partes por meio da equação:

$$y = \varphi(v) = av$$

Em que, para uma entrada v, temos sua multiplicação pelo valor a, que representa a inclinação da reta, obtendo a referência de ação do neurônio. Dessa forma, a função linear simplesmente considera um fator de multiplicação no valor que recebe da função soma.

7.4.3 Função Sigmoide

A função sigmoide ou função logística considera somente os valores entre 0 (que representa não ativação) e 1 (representando ativação), tendo uma funcionalidade similar com os neurônios biológicos, os quais são ativados ou não conforme a entrada recebida.

Devido a essa característica de retornar valores no intervalo (0, 1) a função sigmoide só pode ser utilizada nos problemas de classificação com duas classes, o que limita muito o seu uso em outros problemas.

Além disso, a forma de atuação da função sigmoide é similar à da função degrau, só que apresentando uma curvatura que torna mais fácil o treinamento da rede neural, pois permite direcionar o ajuste dos pesos conforme o erro encontrado entre o valor esperado e o obtido.

Outro fator relevante da função sigmoide é apresentar somente valores positivos como saída, podendo ser empregado em situações que necessitem da saída de valores positivos.

A função sigmoide pode ser representada pela equação:

$$f(x) = 1 / (1 + e^{-x})$$

Em que e representa o exponencial.

Uma das características da função sigmoide é ser estritamente crescente, o que a torna uma função diferenciável e apresenta um desempenho linear e não linear bem equilibrado.

Na Figura 7.5 vemos como é o comportamento da função de ativação sigmoide e a derivada resultante.

Figura 7.5 – Gráfico representando a entrada da função de ativação sigmoide e a sua derivada

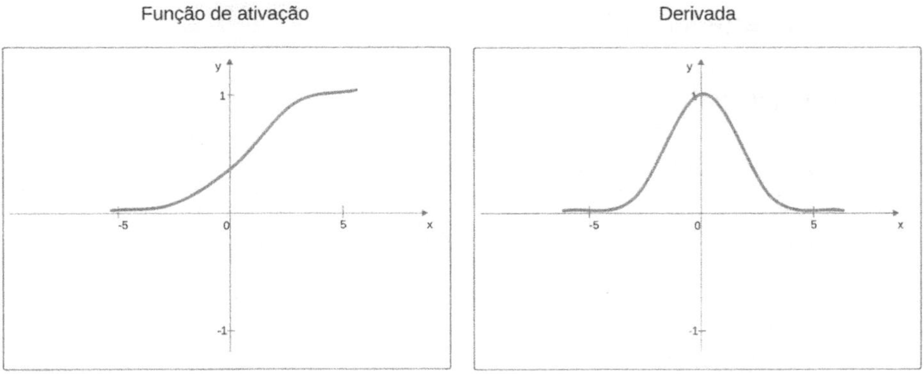

Fonte: Elaborada pelo autor, 2025.

Contudo, essa solução apresenta um custo muito elevado, o qual encarece muito a adoção dessa solução; outro fator negativo é quando recebe como entrada valores muito elevados, tanto positivos quanto negativos, com isso chegando em resultados próximos de zero.

7.4.4 Função Tangente Hiperbólica

A função tangente hiperbólica é muito similar à função sigmoide, porém, ao invés de apresentar como saída valores entre 0 e 1, apresenta valores entre -1 e 1.

Como na função tangente existem valores negativos, isso apresenta uma simplificação na interpretação dos dados resultantes da saída, tornando mais fácil identificar o comportamento do aprendizado da rede neural.

Tanto na função sigmoide quanto na função tangente hiperbólica, o gradiente se torna nulo nos pontos mais extremos da função, ou seja, nos maiores e nos menores valores de entrada a derivada é praticamente nula. Assim, nessas situações, o gradiente descendente fica próximo de zero, diminuindo o seu potencial de ajuste dos pesos da rede neural.

Podemos representar a função da tangente hiperbólica como:

$$\sigma(x) = \tanh(x)$$

Em que tanh(x) é:

$$\tanh(x) = (e^{x} - e^{-x})/(e^{x} + e^{-x})$$

Tendo a representação gráfica vista na Figura 7.6:

Figura 7.6 – Gráfico representando a entrada da função de ativação do tipo degrau e a sua derivada

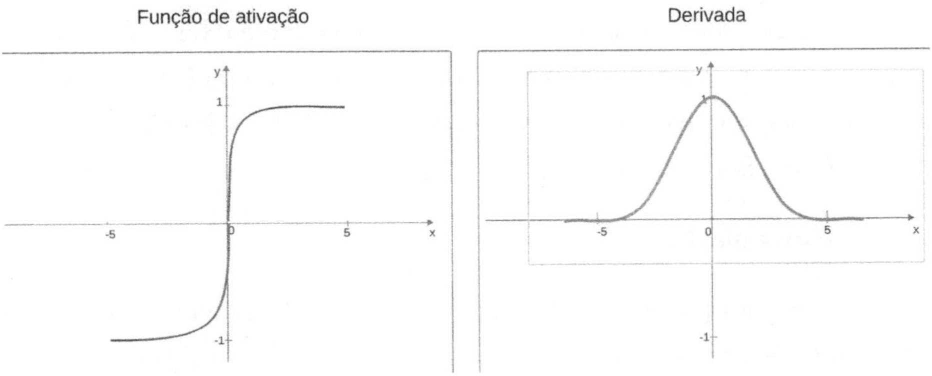

Fonte: Elaborada pelo autor, 2025.

7.4.5 Função de ativação linear retificada (*Rectifed Linear Unit* - ReLU)

A função de ativação linear retificada, conhecida como ReLU, foi proposta por Vinod Nair e Geoffrey E. Hinton, em 2010, sendo considerada uma das funções de ativação mais utilizadas nas RNAs.

Apresenta como principal diferencial retornar 0 ou então um valor real maior do que zero, tornando-se uma função simples de ser utilizada e com fácil otimização. Por esse motivo, é uma das principais funções de ativação empregadas em diversas RNAs atualmente.

Podemos representar a função matematicamente como:

$$\varphi(u) = u, \text{ se } u \geq 0$$

$$0, \text{ se } u < 0$$

Ou seja, podemos representar a ReLU como:

$$ReLU(x) = \max(0, x)$$

No caso, para qualquer valor negativo, o retorno do ReLU será sempre zero; já quando o valor for positivo, então retornará o próprio valor, tendo o limite superior indefinido e representado pelo símbolo do infinito.

Outra forma de representar essa função é:

$$\mathrm{f(x)} = \max(0, \mathrm{x})$$

Com um processamento mais simplificado, tem como característica excluir os neurônios com valor negativo, acelerando a velocidade de aprendizado durante o treinamento. Como também não possui um número que converge quando os valores são positivos, sua saída é muito ampla.

Pelas suas características positivas, como ser mais simples e agilizar o treinamento, a função ReLU é amplamente utilizada em RNA.

A definição de qual função de ativação utilizar vai depender de qual situação vai ser tratada por cada RNA, não podendo definir uma única função para todos os casos de uso.

Em uma abordagem mais simples, a verificação considera que, se o valor de y fosse maior ou igual a um determinado limiar T, então o neurônio artificial torna-se ativo e a sua saída é um pulso ($z = 1$); caso contrário, com y menor do que T, então o neurônio fica inativo, sendo sinalizado por uma saída ($z = -1$), que representa um não pulso, assim obtemos a função de transferência **f**, representada a seguir:

$$z = f(y-T)$$

Essas duas características do neurônio artificial podem ser representadas por duas funções, a função de soma, resulta em y, e em uma função de ativação, que recebe y e resulta em z. Com isso, conseguem reproduzir o funcionamento estimado de um neurônio. Dessa forma, podendo representar uma rede neural de uma única camada, quando o valor for maior ou igual a zero.

A Figura 7.7 apresenta o comportamento e a derivada da função ReLU. Na sua derivada os valores são ou zero ou algum número positivo. Sem variações.

Figura 7.7 – Gráfico representando a entrada da função de ativação ReLU e a sua derivada

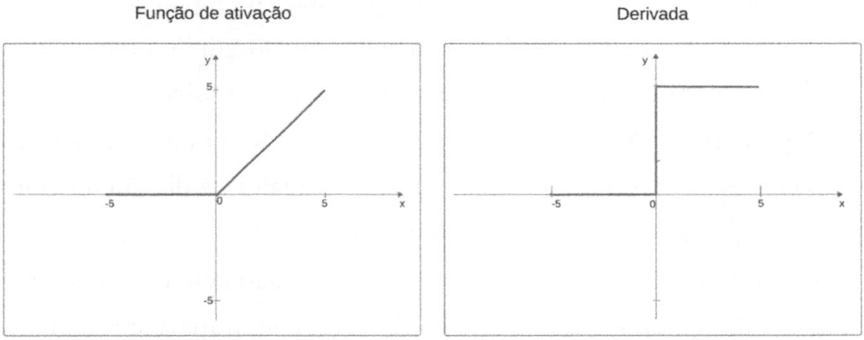

Fonte: Elaborada pelo autor, 2025.

Como a função ReLU não utiliza expoentes, utilizando somente operações de adição, comparação e multiplicação, ela apresenta um treinamento mais rápido em situações em que são empregadas grandes quantidades de dados para análises.

Quando ocorre uma entrada negativa e o valor de saída da função de ativação é zero, temos que o gradiente para ajustar os pesos também será zero, fazendo com que o treinamento de alguns neurônios não ocorra mais, pois o valor vai ficar constante.

Isso é uma característica negativa dessa função de ativação, pois, dependendo do problema analisado, pode implicar uma alta taxa de neurônios não atualizados, o que pode ser considerado como neurônios inativos durante o processo de treinamento.

Quanto menos neurônios ativos maior o tempo de treinamento para se alcançar o resultado esperado, podendo tornar o processo de aprendizado muito desgastante e oneroso.

7.4.6 Função Leaky ReLU

A função ReLU é objeto de estudos que visam melhorar seu desempenho e sua aplicabilidade. Com isso, variações vêm surgindo, uma delas é a Leaky ReLU, proposta em 2013 por Andrew L. Maas e equipe.

A proposta de Maas considera que, ao invés de a função de ativação ReLU zerar os valores negativos, ela emprega um fator de divisão que torna esses valores pequenos, quase próximos de zero.

O valor do fator de divisão é hiperparametrizado pelo usuário da rede neural, possibilitando um controle da rede neural de forma a apresentar resultados mais coerentes com o desejado.

O termo Leaky pode ser traduzido como "vazando", e o motivo é que os valores negativos ficam com a forma de uma reta próxima do zero, que vai se distanciando conforme o valor de entrada for mais negativo.

Figura 7.8 – Gráfico representando a entrada da função de ativação Leaky ReLU e a sua derivada

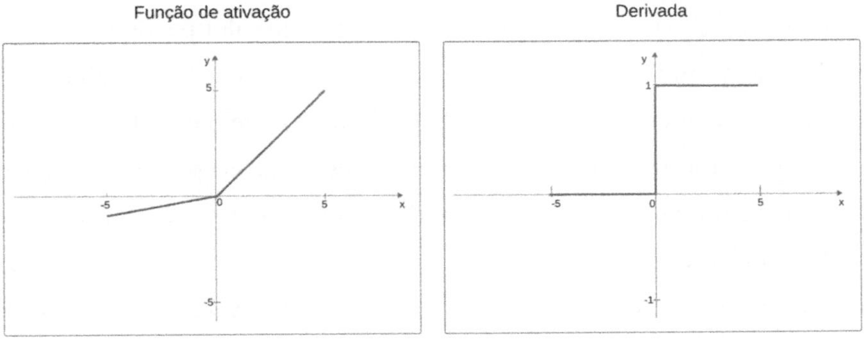

Fonte: Elaborada pelo autor, 2025.

A função Leaky ReLU consegue tratar problemas em que a função ReLU não apresenta um bom comportamento, principalmente por não zerar os valores negativos.

Podemos representar a função Leaky ReLU como:

$$f(x) = \max(\alpha x, x)$$

Em que temos:

- x é o valor de entrada;
- α é um parâmetro denominado taxa de vazamento (*leakage rate*);
- max é uma função que retorna o valor máximo entre dois números.

A definição do valor de α precisa ser bem estudada durante a fase de treinamento da rede neural, isso porque, quando se usa valores de α muito baixos, a função Leaky ReLU acaba tendo um comportamento similar ao da função ReLU; já no caso inverso, com valores de α muito elevados, acarreta comprometimento no treinamento da rede, dificultando a convergência para o resultado desejado.

A mudança entre o Leaky ReLU e o ReLU é notada somente nos valores negativos, pois para qualquer valor positivo o comportamento esperado da função de ativação é similar. Então, quando x for negativo, é aplicada a função diferencial que faz com que ocorra a variação do valor resultante.

Como a função trata os valores negativos não zerando o resultado, ela consegue deixar todos os neurônios ativos durante o treinamento. Isso é importante pois, mesmo com uma pequena influência no processo, todos os neurônios continuam ativos durante todo o treinamento e, posteriormente, na aplicação da rede neural.

A função Leaky ReLU também consegue tratar valores muito fora do padrão esperado, o que comprometeria a convergência do treinamento da rede neural. Por meio do uso do vazamento é possível impedir que essas situações prejudiquem o processo.

7.4.7 Função Softmax

A função Softmax também pode ser chamada de exponencial normalizada, sendo uma função de ativação que recebe como entrada um vetor com K números reais normalizando-os entre os intervalos de zero até um (0, 1) mediante o emprego de distribuição de probabilidade que resulte em uma soma igual a 1.

Esse procedimento acaba gerando um resultado que se encontra proporcional, independente da diferença dos valores de entrada, podendo ser tanto valores positivos quanto negativos.

Podemos ilustrar o funcionamento da função Softmax com o seguinte exemplo:

Tendo uma situação em que é preciso classificar uma entrada entre três classes, ao utilizar a função Softmax teremos três valores cuja soma deve ser 1.

Cada um desses três valores representa a probabilidade de o dado de entrada pertencer a cada uma das 3 classes existentes.

Por exemplo, obtemos 0.3 para classe C1, 0.6 para classe C2, e 0.1 para classe C3, então:

$$0.3 + 0.6 + 0.1 = 1$$

Podemos considerar que o valor 1 representa 100% dos valores obtidos, então cada valor de classe representa o percentual daquela entrada pertencer àquela classe. Nesse exemplo, teremos 60% de chance de a entrada fazer parte da classe C2.

O emprego da função Softmax ocorre na camada de saída da rede neural, auxiliando na identificação de quais neurônios devem ou não ser utilizados durante o treinamento. Não é indicado o uso dessa função nas camadas ocultas porque retorna valores no intervalo (0, 1), em que a soma é igual a 1.

Da mesma forma que a sigmoide, a função Softmax retorna valores entre 0 e 1, porém, enquanto a função sigmoide se encontra limitada em duas classes de classificação, no uso da função não temos esse problema.

Podemos representar matematicamente a função Softmax como:

$$f(xi) = e\text{^}xi \ / \ \Sigma j \ e\text{^}xj$$

Uma característica importante da função Softmax é que, como a saída é o valor da probabilidade, então todos os valores de saída são positivos. Com isso, os maiores valores resultantes indicam a confiança com que os dados de entrada pertencem àquela classe de classificação.

7.5 Indicação de uso das funções de ativação

As funções de ativação possuem uma importância muito grande no treinamento e uso das RNAs, e por isso o seu estudo e a sua aplicabilidade estão em constante pesquisa. Porém não existe um consenso sobre os melhores usos de cada função de ativação, o que temos são indicações de uso para cada tipo de problema a ser tratado.

A seguir, veremos as principais indicações de uso das funções de ativação conforme o problema abordado:

- **Função de ativação do tipo degrau:** uso recomendado em problemas lineares de classificação binária.
- **Função Sigmoide:** problemas de classificação de duas classes.
- **Função tangente hiperbólica:** por ter como saída valores entre -1 e 1 é indicada para problemas de classificação e de regressão.
- **Função ReLU:** função genérica podendo ser empregada na maioria dos problemas a serem tratados. Deve ser utilizada nas camadas ocultas e é indicada para os casos de classificação e de regressão.
- **Função Leaky ReLU:** indicada quando existirem neurônios inativos na rede neural devido à entrada recebida.
- **Função Softmax:** indicada para situações em que ocorra classificação multiclasse, ou seja, com mais de duas classes.

7.6 Treinamento do Perceptron Multicamadas

O treinamento do Perceptron Multicamadas é similar ao treinamento do Perceptron, no qual é preciso utilizar conjuntos de entrada cuja saída esperada é conhecida.

O uso da retropropagação de erro é comum por possibilitar um treinamento mais eficaz da rede neural, além de permitir um uso da rede em diversas situações com uma taxa de aprendizado melhor, sendo que na primeira etapa da propagação para a frente temos o encaminhamento das informações, em que os dados de entrada na camada de entrada são propagados para a primeira camada oculta, caso existam outras camadas ocultas, então os valores são propagados entre elas. Depois que é finalizado o processamento nessa camada, temos a propagação da camada oculta para a de saída.

Já na propagação para trás, antes de ocorrer essa etapa, temos o cálculo do erro para as unidades de saída, no qual é identificada a diferença entre o valor esperado e o valor obtido. Esses erros são retropropagados para os Perceptrons da camada oculta. O objetivo principal da retropropagação é minimizar esses erros, empregando um cálculo que aponte uma variável que será utilizada para ajustar os valores dos pesos, por exemplo, empregando o gradiente descendente.

7.6.1 Etapas do treinamento

Podemos então resumir o treinamento como uma primeira execução para que a rede neural seja instanciada (propagação direta), e outra em que seja ajustada e melhorada (retropropagação) nas seguintes etapas:

1ª Etapa: inicialização dos valores da rede neural artificial, em que os valores dos pesos são definidos aleatoriamente e, conforme a escolha, podem impactar no treinamento da rede.

2ª Etapa: propagação direta, em que se obtém os valores dos neurônios da camada oculta e os valores dos neurônios da camada de saída.

3ª Etapa: obter os erros dos neurônios das camadas de saída e da camada oculta para então calcular qual deve ser a correção dos pesos. Para isso, deve-se empregar a retropropagação para os pesos dos neurônios das camadas de saída e oculta.

4ª Etapa: repetição do processo a partir da segunda etapa até que o critério de parada seja alcançado. Seja esta a definição do valor mínimo do erro aceitável ou uma quantidade mínima de repetições dessas etapas.

Assim que finaliza a etapa quatro, a rede neural se encontra treinada e pronta para ser utilizada. É importante esclarecer que a definição do treinamento se refere a que os valores dos pesos existentes na rede neural se encontram ajustados, ou seja, que a parametrização automática ocorreu durante o aprendizado. E assim, a rede neural artificial pode ser utilizada em outras situações similares desconhecidas para ela, nas quais consegue aplicar o conhecimento para solucionar novos casos.

7.7 Conclusões

A evolução que ocorreu com o surgimento das redes neurais artificiais só foi possível após identificar como não apenas a integração dos Perceptrons simples, mas também devido ao emprego do algoritmo de retropropagação.

Esse foi um ponto de divisão entre as pesquisas e o uso das redes neurais, pois permitiu que elas pudessem ser treinadas de maneira conjunta e otimizada, trazendo possibilidades de uso ilimitadas.

A conceituação de que somente integrar neurônios artificiais não resolveria o problema de como fazer com que eles trabalhassem em conjunto ficou muito clara quando propuseram meios de selecionar quais resultados deveriam ou não ser utilizados pela rede: o emprego das funções de ativação.

As funções de ativação foram um ponto crucial para a evolução das redes neurais, as quais ainda se encontram em muitos estudos focando encontrar as melhores funções que tornem as redes mais aptas para problemas cada vez mais complexos e com grandes volumes de dados.

Com a adição de elementos com funções bem claras, conseguiu-se reproduzir uma das funções mais complexas existentes no corpo humano: realizar ações lógicas e raciocinar. Nesse caso, as ações lógicas são concebidas como processo de utilizar os dados introduzidos como meio de obter alguma informação por meio da identificação de padrões.

Embora pareça ser tão simples de ser feito, ela demanda uma complexidade matemática muito grande, pois exige ter um conhecimento das particularidades dos dados, dos atributos que eles contêm, permitindo, assim, conseguir diferenciar e classificar os elementos.

Muito do que fazemos e que conseguimos com que a máquina também reproduza é a identificação de padrões. Uma etapa inicial para conseguir que novas inovações como o ato de criar elementos novos, de propor diálogos, de realmente pensar por si só venham a ocorrer em um futuro não tão distante.

Capítulo 8

Redes neurais de Hopfield, Kohonen e ART

8.1 Introdução

O conceito das redes neurais biológicas indica a concentração e a comunicação de milhares de neurônios que trocam informações entre si, realizando a comunicação e o processamento dos sinais elétricos recebidos pelos sentidos do corpo.

Quando essa proposta biológica foi idealizada de forma matemática e computacional, propuseram-se conceitos simples, em que cada neurônio artificial iria operar de maneira isolada. Além disso, a operabilidade desses neurônios considerava valores de entrada que poderiam ser classificados em duas classes e que a sua ativação era utilizada para indicar a qual classe a entrada pertencia.

Surgiram então as soluções Perceptron e, depois, o Adaline. Ambas recebiam como entrada alguns valores numéricos e tinham como função indicar a qual de duas classes possíveis eles pertenciam. Para isso, utilizavam a premissa da ativação. Caso o neurônio artificial fosse ativado, então indicava uma classe, caso contrário, indicaria que os dados de entrada pertenciam a outra classe.

Então Perceptron e Adaline conseguem solucionar problemas linearmente separáveis, ou seja, cujos valores das duas classes podem estar abaixo ou acima de uma reta em um gráfico.

Apesar de o Adaline ter apresentado uma evolução positiva para o Perceptron quanto à forma de aprendizado, as possibilidades de uso dos neurônios artificiais eram escassas, pois limitavam a classificação somente entre duas classes. Era preciso uma melhoria no neurônio artificial de forma que ele pudesse ter mais possibilidades de uso.

As perspectivas de melhorias e novas formas de uso do Perceptron eram esperadas, porém, em 1969, os pesquisadores Marvin Minsky (1927-2016) e Seymour Papert (1928-2016) publicaram o livro intitulado **Perceptrons:** An Introduction to Computational Geometry, sendo traduzido como **Perceptrons:** uma introdução à geometria computacional, no qual prova que o Perceptron possui limitações quanto ao problema da porta XOR. No livro, Minsky e Papert demonstram ser inviável traçar uma reta que consiga separar as classes do problema, apontando que a rede não consegue atuar em problemas não lineares.

Essa publicação causou um grande impacto nos estudos das RNAs, principalmente devido à forma como o assunto foi abordado, fazendo com que o assunto de inteligência artificial ficasse paralisado e fosse retomado somente na década de 1980.

8.2 Rede de Hopfield

Após anos sem publicações relevantes referente às RNAs, em 1982, o físico e neurologista estadunidense John Joseph Hopfield (1933-) apresentou a proposta de uma rede neural artificial que continha somente uma camada.

Na proposta de Hopfield essa camada continha neurônios artificiais conectados entre si, compondo uma rede simples. Devido a essa característica de ligação, a rede pode ser chamada de autoassociativa, e mediante treinamento conseguia reconhecer padrões retornando os mesmos, podendo ser empregada em situações com dados incompletos, conseguindo completá-los.

Vemos a arquitetura da Rede de Hopfield na Figura 8.1. A quantidade de neurônios artificiais conectados é variável.

Figura 8.1 – Redes de Hopfield

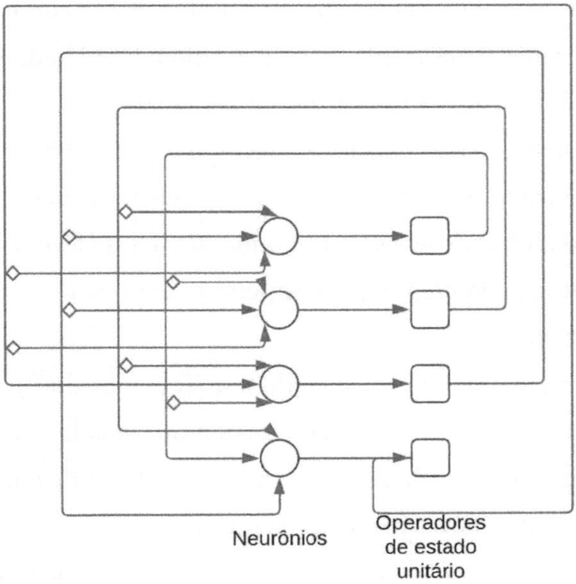

Fonte: Elaborada pelo autor, 2025.

Outros fatores, como a definição dos pesos, se mantiveram, demonstrando que Hopfield inovou ao conceber como conectar um neurônio artificial com outro, formando uma rede.

Além disso, a proposta de Hopfield inclui o emprego de um armazenamento interno do aprendizado, caracterizando o uso de uma memória própria, que permitia ser empregada com os padrões aprendidos, podendo assim ser considerada como uma memória associativa.

Essa solução apresentada ficou conhecida como Rede Hopfield, e seus parâmetros de entrada seguiram o que já tinha sido apresentado antes no Perceptron, ou seja, uma lista de atributos valorados.

8.2.1 Treinamento da Rede de Hopfield

Para realizar o treinamento da Rede Hopfield, é preciso saber quais são os padrões esperados, sendo que esta lista deve ser conhecida antes, ou seja, é preciso saber quais resultados esperar do uso da Rede Hopfield antes de inicializá-la.

Define-se que o aprendizado de redes neurais ocorre mediante as técnicas de aprendizado supervisionado já que conhece tanto os dados de entrada quanto as suas classificações correspondentes. Dessa forma, possibilita que a máquina consiga aprender e que o supervisor consiga identificar a qualidade do aprendizado.

O funcionamento interno da rede será similar ao do Perceptron, como ajuste dos pesos, conforme a entrada for sendo processada. Esse ajuste permite fazer com que a rede evolua em sua análise dos dados de entrada, à medida que forem ocorrendo novas iterações da mesma.

O treinamento da Rede Hopfield segue uma função de treinamento, a qual irá nortear todo o desenvolvimento da rede. A principal função conhecida é a de treinamento Hebbiano, sendo que ele tem como fundamento a regra de Hebb e contém alguns passos bem definidos:

- **Inicialização do treinamento:** os pesos da rede ou são inicialmente iguais a zero ou são valores aleatórios baixos.
- **Aplicação da Regra de Hebb:** a regra é aplicada de forma que a rede consiga compreender os padrões da entrada; para isso, a rede deve ajustar os pesos sinápticos entre os neurônios artificiais, ou seja, o peso de ligação existente entre os neurônios artificiais conectados na rede.

Para que isso ocorra, cada par de neurônio é analisado, sendo que, caso eles apresentem o mesmo estado de saída, ou seja, se ambos estão ativados ou inativados, então possuem uma relação forte entre si, dessa forma o peso sináptico entre eles é aumentado.

Caso ocorra o inverso, de um estar ativo e outro inativo, o peso sináptico é diminuído, pois essa distinção entre o estado final de saída de ambos os neurônios demonstra pouca relação existente entre os neurônios.

Devido ao uso dos pesos sinápticos que ligam os neurônios, é possível fortalecer a rede aproximando mais os neurônios que apresentem o mesmo comportamento.

Como os pesos são ajustados em todos os neurônios pertencentes à rede, é preciso guardar os resultados dos pesos obtidos, de forma a gerar um armazenamento dos padrões reconhecidos pela rede de Hopfield, finalizando o treinamento.

Quando um novo padrão for enviado para a rede de Hopfield, esta irá considerar o padrão obtido e armazenado no treinamento. Com isso, a rede irá ajustar os estados conforme os pesos sinápticos convergindo para um estado que o aproxime do padrão memorizado.

Esse foi um dos pontos de maior destaque da proposta de Hopfield, a capacidade de armazenar e reconstruir um padrão aprendido, permitindo, assim, utilizar uma rede quando esta tivesse finalizado o seu aprendizado em outras situações similares.

Dessa forma, a rede de Hopfield tende a aproximar a entrada a um padrão reconhecido, complementando os espaços faltantes conforme ele fique parecido com o estado reconhecido no treinamento.

8.3 Rede neural de Kohonen

Em 1982, o pesquisador finlandês Teuvo Kohonen (1934- 2021), da Universidade de Helsinki publicou um artigo no qual apresentava novas formas para se fazer simulações computacionais de um novo processo auto-organizado. Para isso, apresentava uma rede contendo elementos físicos adaptativos que iriam receber informações externas e trabalharia com elas.

Em sua proposta, Kohonen apresentava uma solução para a mineração de dados, capaz de agrupar as informações e, dessa forma, ser uma solução que empregava aprendizado de máquina não supervisionado.

O Mapa Auto-Organizável (*Self Organized Map* – SOM), também conhecidos como Redes de Kohonen, é uma rede neural artificial capaz de identificar padrões e assim realizar agrupamento dos elementos conforme suas similaridades. Esses padrões são ajustados conforme forem ocorrendo iterações do processo até convergir em um estado final com pouca alteração.

Dessa forma, identificam-se os padrões de entrada que são similares, porém não são idênticos aos utilizados pela rede na etapa do treinamento, assim conseguindo agrupar elementos que são próximos entre si, porém que não contêm informações iguais.

A proposta desse tipo de RNA é a de aplicar um método de aprendizado no qual ocorre uma competição entre os neurônios. Essa competição faz com que ocorra a auto-organização dos neurônios em padrões conforme suas características apresentadas na entrada.

8.3.1 Arquitetura das redes de Kohonen

A composição das redes de Kohonen ocorre mediante o uso de unidades básicas que representam os neurônios, as quais se encontram organizadas em duas camadas:

- Camada de entrada, que recebe todos os registros que devem ser agrupados.
- Camada de saída ou Mapa de Saída, que é uma grade bidimensional de neurônios que não têm conexão entre si.

Na proposta, todos os neurônios de entrada se encontram conectados com todos os neurônios de saída, sendo que essas conexões apresentam pesos vinculados a elas. Conforme idealizado por Kohonen, na etapa do treinamento da rede, cada neurônio vai competir com todos os outros com a finalidade de vencer os demais.

A Figura 8.2 mostra a composição do mapa de saída com relação ao vetor de entrada.

Figura 8.2 – Rede de Kohonen

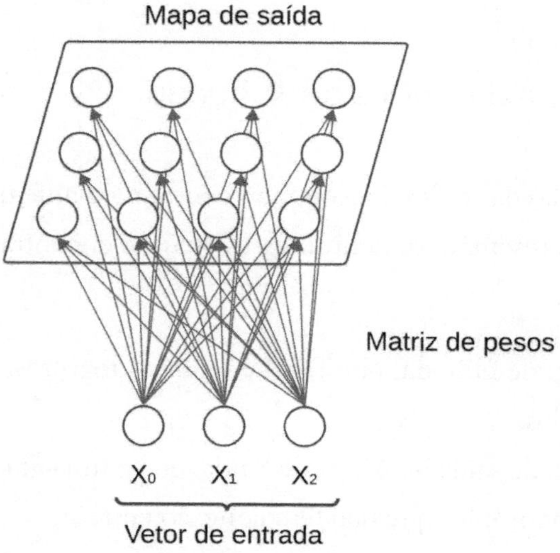

Fonte: Elaborada pelo autor, 2025.

O funcionamento é por meio de propagação para frente dos dados de entrada. No caso, a camada de entrada recebe os valores, e eles são propagados para a camada de saída. Mediante a competição, o neurônio de saída que apresentar a resposta mais forte será o vencedor da competição, e assim será considerado como a saída do processamento.

Ao iniciar a rede de Kohonen, todos os pesos são definidos de maneira aleatória, então, com a rede sendo percorrida uma vez, define-se qual foi o neurônio vencedor, baseados nele, os pesos tanto dele como das unidades lógicas que se encontram próximas e são ajustadas, ficando mais próximas do padrão de valores vencedor.

Conforme todos os elementos do registro de entrada são processados, os pesos dos neurônios são ajustados, repetindo esse procedimento até que os valores resultantes apresentem pequenas mudanças, indicando uma convergência do procedimento.

A cada iteração os pesos nas unidades de grade são ajustados e vão compondo um tipo de "mapa" bidimensional dos grupos, formando o conceito de mapa de auto-organização.

Podemos descrever o funcionamento da rede de Kohonen com as seguintes etapas:

Etapa 1: inicialização da rede neural, na qual os pesos são inicialmente definidos de maneira aleatória.

Etapa 2: competição. Execução da competição, na qual todo neurônio deve obter o seu valor conforme definido por uma função discriminante, esta procura encontrar o neurônio que apresente a melhor conformidade entre o valor de entrada e o valor de peso.

Para definir o neurônio vencedor, utiliza-se a distância Euclidiana, representada a seguir:

$$d_j(x) = \Sigma_{i=1}^{N}(x_i - w_{ji})^2$$

Em que o x_i corresponde a cada um dos N registro de entrada, existentes na camada de entrada ($x_j = \{x_1,...,x_N\}$).

w_{ji} se refere aos pesos existentes entre as conexões sinápticas, assim sendo $w_{ji} = \{j=1,...,M; i=1,...,N\}$.

Por fim, a função $d_j(x)$ apresenta a distância entre x e o peso que está associado ao neurônio j.

Etapa 3: cooperação. Ao definir qual é o neurônio vencedor, este consegue indicar qual deve ser a localização espacial dos vizinhos mais próximos no mapa de saída. Nesse processo, há uma cooperação entre os neurônios para que a região do mapa de saída mais próxima do neurônio vencedor venha a recebê-lo. Ocorre então um ajuste dos pesos dos neurônios que se encontram próximos do neurônio vencedor.

Podemos ter tipos diferentes de mapa de saída; dessa forma, um mapa bidimensional pode ser do tipo retangular ou hexagonal. Caso o de saída apresente somente uma dimensão, é um vetor, já caso tenha duas dimensões, então temos uma grade ou matriz.

As possibilidades de composição do mapa de saída são diversas. Na Figura 8.3, vemos duas representações: retangular e hexagonal.

Figura 8.3 – Mapas de saída de Kohonen

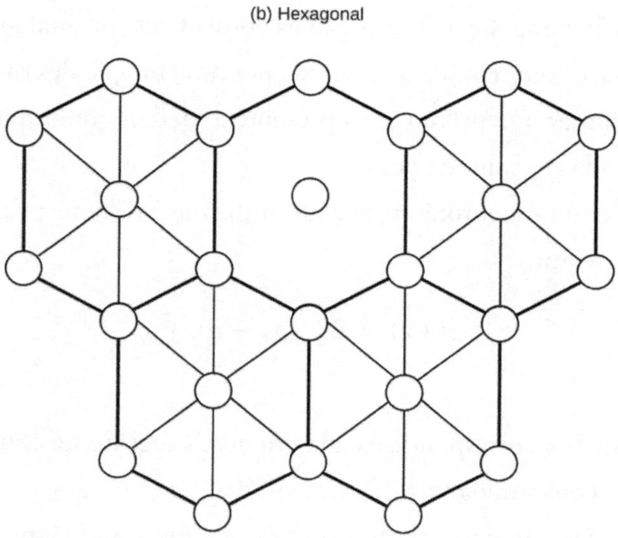

Fonte: Elaborada pelo autor, 2025.

Considerando que o elemento central é o centro do grupo, nesse exemplo, no mapa retangular, existem quatro vizinhos próximos, e no mapa hexagonal temos seis vizinhos.

Etapa 4: Adaptativo. O ajuste a cada iteração, no qual os neurônios de cada grupo vão diminuindo seus valores mediante ajustes nos pesos, assim conseguindo melhorar a resposta do neurônio vencedor conforme as iterações vão ocorrendo.

Conforme a rede de Kohonen for processando os registros de entrada, aqueles que tiverem maior similaridade deverão se encontrar próximos no mapa de saída, assim como os que tiverem menor similaridade deverão se encontrar distantes. As unidades finais que se apresentarem mais fortes podem ser consideradas como os centros de prováveis grupos.

A diferença resultante pelas redes de Kohonen utilizarem aprendizado não supervisionado é que para seu treinamento basta apresentar registros de entrada que contenham ao menos um atributo que permite agrupá-los. Já para a saída não é preciso enviar nenhuma informação, pois ela será gerada pela rede neural.

A premissa inicial de funcionamento da rede de Kohonen é de realizar os agrupamentos aos poucos, ou seja, inicialmente pode ser encontrado um grande número de grupos no mapa de saída, e, conforme forem ocorrendo novas iterações, os elementos desses grupos vão convergindo para outros até que a quantidade final de grupos no agrupamento seja um número baixo.

Devido a essas características podemos afirmar que as redes de Kohonen procuram identificar padrões similares, ao invés de reconhecer padrões e assim receber um elemento de entrada que apresente uma similaridade maior com outro elemento já mapeado, então esse registro é colocado no mesmo grupo.

Apesar de a apresentação da rede de Kohonen parecer simples de ser empregada, alguns cuidados devem ser tomados, pois todo o funcionamento da rede depende dos padrões dos registros de entrada. Caso eles não tenham uma relação clara numérica, então poderá incorrer erro no agrupamento.

Para evitar que isso aconteça, é preciso fazer diversos ajustes iniciais até que a rede neural retorne o comportamento esperado. Outro ponto negativo das redes de Kohonen é que a média do número de iterações que são precisas para treinar a rede corresponde a 500 vezes o número de elementos de saída.

8.4 Redes ART (*Adaptive Resonance Theory*)

As redes ART (*Adaptive Resonance Theory* – ART) podem ser traduzidas como Redes de Teorias da Ressonância Adaptativa e são uma técnica apresentada em 1976 por Stephen Grossberg (1939-) que depois se associou a Gail Carpenter, apresentando significativas melhoras em 1987. A ART se refere a uma RNA que utiliza técnicas de aprendizagem não supervisionadas.

Essas redes estão propensas a novos aprendizados, mantendo a informação anterior, sendo definidas com os termos adaptativo e ressonante, respectivamente. Vemos uma das representações da Rede ART na Figura 8.4. Como existem algumas variações dessa rede, esta é uma das possibilidades de construção:

Figura 8.4 – Redes ART

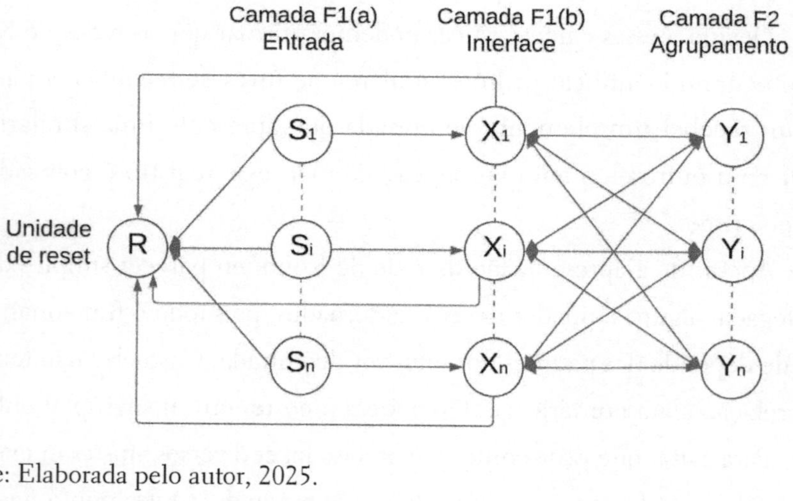

Fonte: Elaborada pelo autor, 2025.

Elas conseguem armazenar o aprendizado além de obter novas informações, podendo aprender novos padrões de entrada mantendo a memória do que já foi aprendido. As redes ART utilizam técnicas de agrupamento.

Dessa forma, conforme a entrada é inserida na rede, ela identifica a qual agrupamento cada registro se aproxima mais. Caso não exista nenhum agrupamento adequado, então um novo grupo será criado.

Ao longo dos anos, Grossberg e Carpenter pesquisaram e publicaram novas melhorias para as arquiteturas ART, as quais podem ser assim classificadas:

- ART1: primeira arquitetura ART proposta, sendo a mais básica. Consegue trabalhar com valores de entrada binários.
- ART2: extensão da ART1, possibilitando agrupar dados de entrada com valor contínuo.
- Fuzzy ART: implementação onde são unidos os conceitos da lógica Fuzzy com ART.
- ARTMAP ou TARV preditiva: uma adaptação da ART de forma que o método de aprendizado seja supervisionado, sendo que uma ART consegue aprender tendo como base a ART anterior.
- FARTMAP: evolução da ARTMAP integrada com a lógica Fuzzy.

A proposta para o desenvolvimento da ART tem como fundamento que uma rede pode ter sido treinada com um conjunto de informações que sofreram alterações conforme o tempo passou, então os pesos ajustados não são os mais adequados para os casos novos. Nesse contexto, é preciso que a rede consiga se ajustar com esses novos dados de entrada.

Uma forma de fazer com que uma rede neural artificial consiga se adaptar aos novos padrões de entrada é mediante o uso de algoritmos de aprendizado que sejam flexíveis. Mesmo a ART empregando técnicas não supervisionadas, utiliza algumas características das técnicas supervisionadas, como um controle do grau de similaridade, sendo esse valor definido pelo usuário.

8.4.1 Arquitetura das redes ART

A arquitetura básica da ART considera o emprego do algoritmo de retropropagação, fazendo com que ele consiga selecionar quais neurônios conseguem representar melhor um determinado padrão de entrada.

A forma como os neurônios operam na rede ART é ilustrada na Figura 8.5, na qual temos as ligações entre os neurônios.

Figura 8.5 – Funcionamento da rede ART

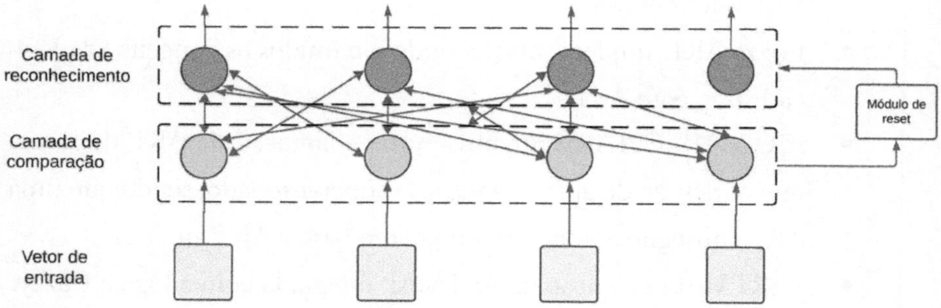

Fonte: Elaborada pelo autor, 2025.

Além disso, a existência de interconexão entre os neurônios na saída possibilita a inibição lateral, permitindo que ocorra a definição do maior valor de saída.

8.4.2 Características do ART

Em comparação, o ART apresenta pontos em comum com as redes de Kohonen, principalmente quanto à forma de aprendizado ser não supervisionada e com a competição entre os neurônios para escolher qual é o vencedor. Mas, enquanto na rede de Kohonen ocorre uma atualização dos neurônios vizinhos na saída, o mesmo não acontece na ART, que atualiza somente o neurônio vencedor.

As semelhanças com a rede de Hopfield são poucas, principalmente porque ela utiliza o aprendizado supervisionado e, com isso, o modo como a entrada é analisada é bem diferente.

Na rede de Hopfield é esperado que os padrões sejam encontrados de forma idêntica, garantindo a similaridade. Já na rede ART pode ocorrer a identificação de padrões novos, não vistos anteriormente pela rede, gerando uma integração entre padrões não vistos com os já aprendidos.

Como não é preciso apresentar qual é a saída desejada, pois ela será obtida conforme o agrupamento, as situações para se aplicar o ART são vastas. Porém, caso a entrada tenha valores muito divergentes entre si, pode acarretar uma saída incoerente que não apresente usabilidade.

8.5 Redes Neurais com Função de Ativação de Base Radial

As Redes Neurais com Função de Ativação de Base Radial (*Radial-Basis Function Neural Network* – RBF) são um tipo específico que apresentam bons resultados ao empregar funções de ativação de base radial.

Em 1988 os pesquisadores David S. Broomhead (1950-2014) e David Lowe apresentaram essa proposta de incorporar características estatísticas no processamento das redes neurais, mediante sua aplicação nas funções de ativação.

Sendo empregadas em tarefas como a do mapeamento não linear entre as informações de entrada e de saída, e em situações em que era necessário generalizar dados bem distintos, tais como previsão de séries temporais e análise de sinais digitais.

Comparando as redes RBF com os Perceptrons Multicamadas, são identificadas três diferenças principais: as RBFs possuem uma única camada oculta; utilizam sempre neurônios artificiais lineares na saída; e os neurônios artificiais da camada oculta apresentam uma função de ativação de base radial.

A Figura 8.6 apresenta a representação da arquitetura da rede RBF que contém somente duas camadas, a oculta e a de saída.

Figura 8.6 – Rede RBF

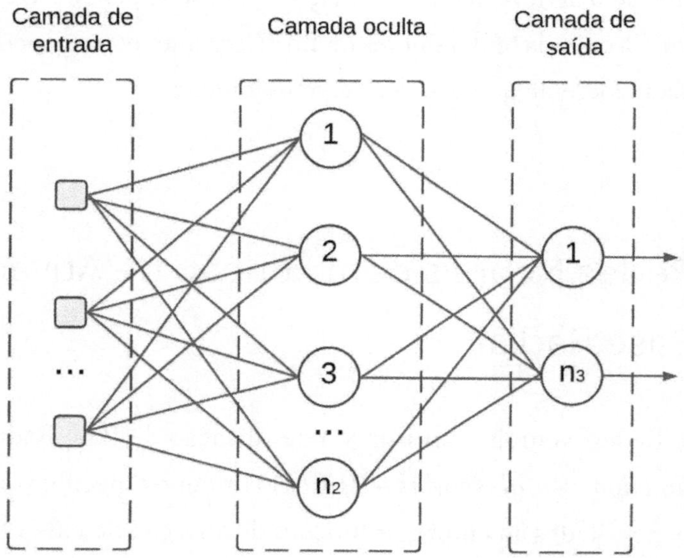

Fonte: Elaborada pelo autor, 2025.

A camada oculta da rede RBF possui funções de ativação de base radial, sendo a função gaussiana a mais utilizada. Já a camada de saída apresenta pesos que examinam os resultados de saída provenientes de cada função de base radial para então ir reunindo os dados na saída da rede neural.

Muitas propostas de melhorias foram sendo incorporadas nas redes RBF, inclusive meios para que a rede possa incorporar mais neurônios artificiais na camada oculta conforme irá processando os dados de entrada.

As redes RBF podem ajustar os parâmetros da rede utilizando procedimentos que podem ser classificados como empíricos, não supervisionados (auto-organizados) e supervisionados. Esses meios foram sendo estudados ao longo dos anos.

Os procedimentos não supervisionados utilizam algoritmos não recursivos e assim são mais fáceis de utilizar. Porém, os modelos de redes RBF que utilizam ajustes baseados em metodologias supervisionadas requisitam algoritmos recursivos no ajuste dos parâmetros e com isso conseguem apresentar resultados mais exatos.

8.5.1 Funcionamento das Redes RBF

Podemos comparar o funcionamento das redes RBF com as redes Perceptron Multicamada, por ter uma arquitetura de propagação dos dados e o treinamento da rede ser realizado por meio da metodologia supervisionada, ou seja, é preciso conhecer os dados de entrada e quais as classificações possíveis que elas possam ter, para ir treinando e verificando a exatidão das informações.

O diferencial entre ambas as redes neurais é que o treinamento de uma rede RBF utiliza duas etapas bem delimitadas:

Etapa 1: neste primeiro momento ocorre o ajuste de pesos da camada oculta por meio de uma metodologia de aprendizagem auto-organizada. São feitas as alocações das funções de base radial, e a única dependência é referente ao dado de entrada e suas propriedades.

Etapa 2: na segunda e última etapa ocorrem os ajustes dos pesos da camada de saída, no qual se aplica uma regra Delta genérica.

Em um estudo comparativo, identificou-se que um dos pontos negativos das redes RBF é necessitar de um maior número de parâmetros do que uma rede Perceptron Multicamadas para obter a mesma exatidão de saída.

Como vantagens desse uso de redes neurais, as redes RBF podem ser empregadas em problemas nos quais os dados de entrada possuem distribuições não lineares. Além disso, as redes RBF conseguem apresentar soluções mais generalizadas, as quais permitem tratar melhor entradas com ruídos.

8.6 Redes Neurais Profundas

Ao longo das décadas de 1980 e de 1990 as Redes Neurais Profundas evoluíram muito. Podemos caracterizar uma rede neural profunda como aquela que apresenta mais de uma camada oculta, disto originando o termo profunda.

Conforme as especializações adotadas para os usos das redes neurais profundas, duas ramificações bem definidas surgiram: a de Redes Neurais Convolucionais e a de Redes Neurais Recorrentes. O primeiro tipo trata de problemas de visão computacional, e o segundo, de problemas de entradas sequenciais.

Vemos o comparativo entre a rede neural simples com a rede neural profunda na Figura 8.7. A inclusão de mais camadas de neurônios na camada oculta faz com que o processamento da rede possa ser aplicado em problemas mais complexos.

Figura 8.7 – Comparativo entre rede neural simples e rede neural profunda

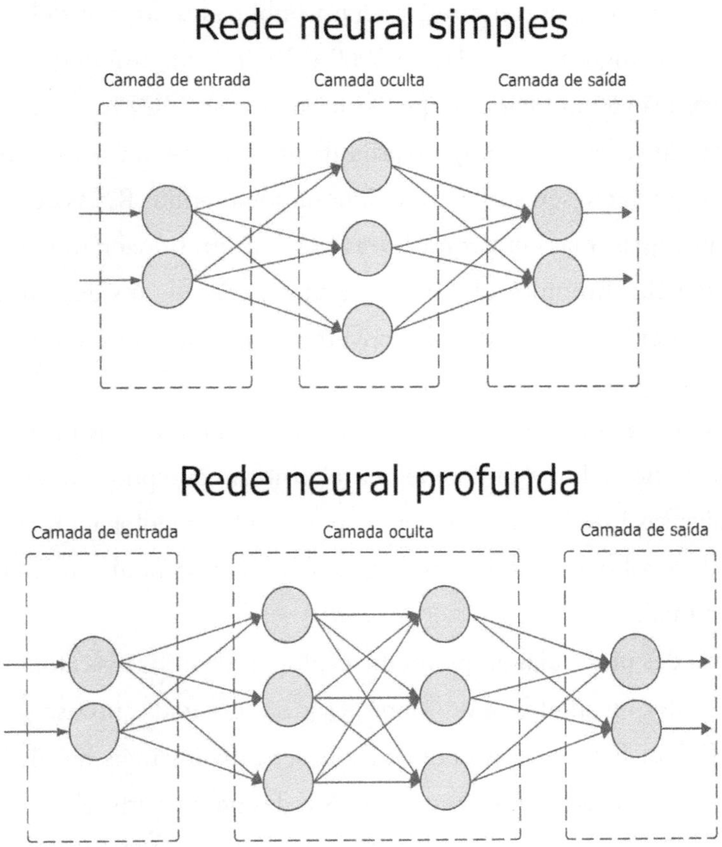

Fonte: Elaborada pelo autor, 2025.

Devido à sua importância, ambas serão tratadas em capítulos à parte, de forma a esclarecer melhor suas arquiteturas, sua evolução histórica e seu funcionamento.

8.7 Conclusões

Diversas pesquisas e estudos foram publicados em meados do século passado e ao longo das décadas de 1960 e 1970. Cada um deles contribuiu para a evolução tecnológica do que temos hoje como RNA.

Muitas vezes, ao vermos um produto pronto, ignoramos todos os percalços encontrados em seu surgimento, ignoramos as outras RNAs que surgiram não como cópias, mas com conceitos novos, e assim trouxeram novidades.

Hopfield, Broomhead, Grossberg são apenas alguns dos ilustres estudiosos que identificaram meios de converter o raciocínio lógico humano para que fosse reproduzido por uma máquina.

Sua ideias inovadoras deles ajudaram a concretizar as principais propostas de como elaborar uma rede neural artificial que pudesse ser empregada em diversas funções. A evolução não somente tecnológica mas humana decorre do auxílio de muitas pessoas direta ou indiretamente vinculadas com a solução final.

As redes profundas amplamente exploradas e utilizadas atualmente foram frutos dos resultados obtidos por pesquisas centradas no uso dos neurônios artificiais. E muitos dos conceitos desenvolvidos mais de meio século atrás ainda são empregados nas modernas redes neurais artificiais.

Capítulo 9

Redes Neurais Profundas

9.1 Introdução

As RNAs evoluíram muito após o surgimento do Perceptron Multicamadas. A proposta simples de constituir uma rede neural pelo uso de três camadas revolucionou por permitir que problemas complexos pudessem ser tratados da mesma forma como os simples, por meio da adição de mais camadas na camada oculta.

Essa é a origem da terminologia Rede Neural Profunda, na qual se mantém a mesma premissa da rede neural artificial, porém a camada oculta apresenta duas ou mais camadas de neurônios artificiais.

Associado ao termo profundo, temos o conceito de Aprendizado Profundo (*Deep Learning*), que explora um tipo de aprendizado de máquina com maior capacidade de aprendizado, e também sendo mais maleável para conseguir interpretar dados devido ao seu potencial para analisar padrões existentes nos dados.

O aprendizado profundo utiliza redes neurais, sendo que as camadas sucessivas de unidades lógicas na camada oculta permitem compreender os dados de melhor maneira, identificando características que precisam ser programadas quando se utiliza outra técnica de aprendizado de máquina.

Entretanto, à medida que se adicionam novas camadas na oculta, também aumenta a capacidade de processamento computacional necessária para executar a rede neural. Por isso, o balanceamento da quantidade de camadas existentes nessa rede neural deve ser pensado para minimizar processamentos desnecessários.

Não é recomendado ter uma estrutura fixa de rede neural profunda e aplicá-la em qualquer tipo de problema. Uma boa prática é analisar cada situação para então definir qual a complexidade do problema e como ele deve ser abordado.

Assim, devemos considerar que, em paralelo com a evolução das redes neurais artificiais, também ocorreram outras inovações e melhorias em outros segmentos da computação que permitiram ampliar o potencial de uso das redes neurais.

A melhoria do processamento computacional foi um dos fatores determinantes da expansão das redes neurais, pois permitiu que as RNAs pudessem aprender mediante o processamento de grandes volumes de dados, assim como também podendo ser utilizadas na exploração de imagens computacionais.

Outro ponto que tem se desenvolvido muito é o processamento da linguagem natural, permitindo que a máquina consiga interpretar corretamente o que está sendo dito ou escrito, auxiliando na implementação de robôs de atendimento ou na compreensão do que é preciso fazer e assim interagir com o usuário humano.

9.2 Características das redes neurais profundas

O uso de redes neurais profundas como forma de aprendizado de máquina é muito propício, porém não indicado em todas as situações. Principalmente por exigirem um maior poder computacional, o qual acaba gerando um custo mais elevado.

Como principais diferenças entre o aprendizado de máquina e o aprendizado profundo podemos mencionar a arquitetura existente, na qual este último emprega diversas camadas ocultas, conseguindo identificar padrões mais complexos nos dados.

Outro ponto de destaque do uso das redes neurais é que elas conseguem literalmente aprender sozinhas quais são as informações mais relevantes nos dados a serem analisados. Essa é uma das principais vantagens do uso dessas redes para solucionar problemas, pois não é preciso que um ser humano analise os dados com profundidade para instruir a máquina do que deve ser feito. Ao contrário, basta que o aprendizado profundo colete os dados para que no processo consiga interpretar os dados e então identificar as informações que efetivamente são importantes para utilizar os dados.

Por meio dessa característica é possível indicar o uso do aprendizado profundo em diversas situações, pois se a própria máquina vai analisar os dados e identificar o que é ou não importante, então não é necessário detalhar todos os atributos antes de disponibilizar os dados para a máquina, tornando o treinamento mais ágil e assim a geração de uma inteligência que consegue trabalhar com informações novas.

Outro fator relevante é que as redes neurais profundas podem trabalhar com grandes volumes de dados, inclusive imagens e outras mídias, apresentando um ótimo desempenho nessas tarefas. Comparativamente, o aprendizado de máquina supervisionado apresenta limitações quando incorre em volumes de dados muito elevados, não sendo, portanto, indicados para esse uso.

Contudo, como a forma de realizar o processamento, e a análise dos dados ocorrem nas camadas ocultas, o método empregado para solucionar um problema se torna desconhecido do usuário, gerando incógnitas sobre a forma como a máquina interpreta as informações e providencia a solução.

Isso é algo que não ocorre no aprendizado convencional, já que é preciso que o usuário explique e direcione como a máquina deve utilizar os dados de entrada e quais as formas de tratativas ideais.

Por exemplo, ao empregar a classificação, é preciso inserir dados rotulados com a classificação correta, e por meio desses estudos indicar quais devem ser os métodos empregados para obter a melhor taxa de acertos. Devemos indicar quais características dos dados indicam que o elemento é da classe 1 e quais são da classe 2, sendo preciso compreender todas as propriedades dos dados a serem utilizados.

Assim, como temos a intervenção humana no aprendizado convencional, então deve-se utilizar modelos menos complexos, que possam ser plenamente interpretados pelos usuários do sistema.

9.3 Arquitetura de Redes Neurais Profundas

O conceito mais simples de redes neurais artificiais considera as que empregam somente uma camada oculta, dessa forma sendo utilizados em problemas mais simples.

Quando uma rede neural apresenta duas ou mais camadas ocultas a sua denominação é rede neural profunda, a qual pode ser empregada em diversas situações complexas. As redes neurais profundas apresentam arquitetura diferenciada, tornando-as especializadas e mais aptas para determinados tipos de usos.

O núcleo para o aprendizado profundo são as redes neurais profundas, nas quais a arquitetura indica como deve ser sua organização. Assim, ao abordar algum problema para ser solucionado por uma rede neural é preciso identificar quais as características desse problema para escolher o tipo de rede neural mais indicado.

As principais arquiteturas são:

- **CNN:** são uma especialização das redes neurais que empregam camadas convolucionais para obter características dos dados de entrada que apresentam uma estrutura de grade, como imagens, sendo assim empregados nas tarefas de visão computacional e classificação. Por meio da identificação de padrões visuais em imagens, consegue-se reconhecer elementos além da segmentação de objetos, podendo ser aplicadas em sistemas de busca de imagens.
- **RNN:** são redes neurais que apresentam uma arquitetura para atuar com dados de entrada sequenciais, processando-os e retornando saídas sequenciais. São amplamente utilizadas em análises de séries temporais e no PLN, que permite a compreensão da linguagem natural, a realização de tarefas associadas a ela, como análise semântica e tradução automática.
- **LSTM:** são uma variação das redes neurais recorrentes na qual foi introduzida uma alteração que permite que a rede armazene informações por longos períodos e melhore o desempenho na realização de tarefas como análise de séries temporais e classificação. Podem ser utilizadas no processamento da linguagem natural, como meio para interpretar a linguagem natural, tornando melhor a interação entre os usuários e as máquinas mediante comandos de voz ou escrita.

As três principais arquiteturas de redes neurais profundas permitem que diversos tipos de problemas sejam solucionados mediante o seu emprego. O principal requisito é identificar qual é a problemática a ser abordada e então qual a melhor proposta de rede neural que deve ser empregada.

Nos próximos capítulos veremos com mais profundidade as características de cada uma dessas especializações das redes neurais profundas.

9.4 Conclusões

Com o surgimento das redes neurais artificiais, as possibilidades de utilização foram sendo ampliadas conforme cada evolução dessas redes. O que antes era voltado para solucionar problemas simples foi convertido em meios de atuar em situações complexas, nas quais a resolução de tarefas muitas vezes supera as capacidades humanas. Essa superação pode ser ilustrada com o emprego das redes neurais como meio para reconhecer linguagens naturais e traduzi-las para qualquer idioma já mapeado.

Outro exemplo é o emprego das redes neurais para reconhecer padrões em imagens, as quais podem ser provenientes de câmeras de monitoramento, como placas de veículos. Ao utilizar a inteligência artificial, consegue-se identificar e processar todas as placas existentes em uma sequência de imagens, superando a capacidade humana de reconhecer e anotá-la.

Não existem limites para os usos das redes neurais profundas, conforme vão evoluindo, mais e mais tarefas cotidianas estão sendo substituídas pelas redes artificiais. Devemos compreender como essas redes funcionam para identificar novas possibilidades de uso, e com isso facilitar e agilizar nas realizações das tarefas intelectuais humanas.

Capítulo 10

Redes Neurais Convolucionais

10.1 Introdução

As redes neurais convolucionais, do inglês *Convolutional Neural Networks* (CNN), são uma especificação das redes neurais profundas que processam dados que se encontram no formato de matriz, como imagens, sendo muito exploradas em problemas de processamento de imagem e de visão computacional.

Apesar da associação com imagens, elas também podem ser empregadas com séries temporais, nesse caso tratando os dados históricos como uma matriz de uma dimensão, enquanto as imagens são uma matriz com duas dimensões de *pixels*.

10.2 Evolução das redes neurais convolucionais

Os estudos da formação de imagens pelo cérebro remontam ao ano de 1959, e depois em publicações que ocorreram ao longo da década de 1960, em 1962, 1965 e 1968, quando o neurobiologista estadunidense David Hubel (1926-2013) e o neurobiologista sueco Torsten Nils Wiesel (1924-) apresentaram um artigo sobre o córtex visual de um gato, associado ao o campo visual mediante o estímulo de um conjunto de células específicas existentes no córtex.

No seu estudo, os pesquisadores identificaram que essas células do córtex cerebral demonstraram atividade elétrica de acordo com os estímulos visuais apresentados ao gato. Esses estímulos eram gerados por meio da projeção de retas com orientações específicas em uma tela, a qual o gato ficava observando.

Durante a pesquisa, os estímulos visuais ocorriam em uma região bem delimitada do campo visual do felino, e, conforme ocorria o estímulo, perceberam que muitos neurônios do córtex visual apresentavam sinais elétricos, indicando que tinham um pequeno campo receptor local. A Figura 10.1 ilustra como foi o experimento que propiciou a identificação de como o gato enxerga.

Figura 10.1 – Compreensão do córtex visual do gato

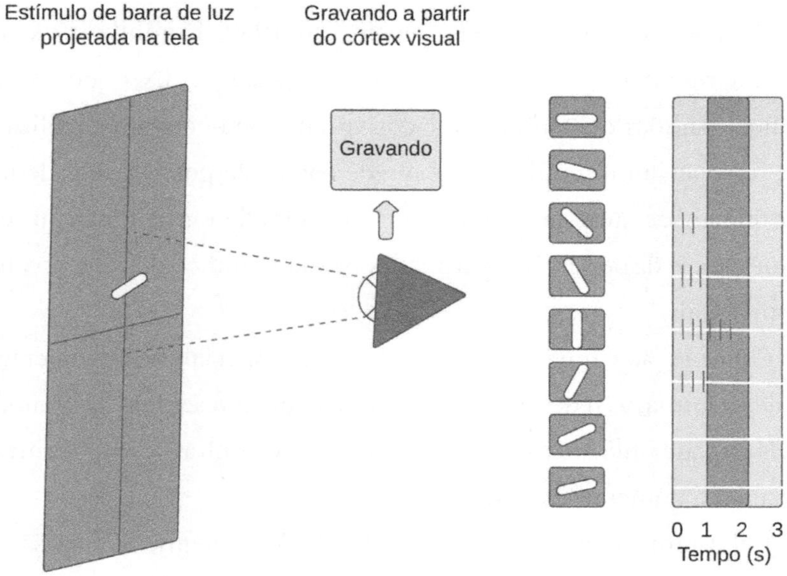

Fonte: Elaborada pelo autor, 2025.

Conforme a orientação das retas, as células estimuladas eram diferentes, demonstrando que o cérebro identifica os padrões das imagens visualizadas. Dessa forma, Hubel e Wiesel descobriram que os neurônios existentes no córtex cerebral se encontravam organizados em grupos, os quais respondem a estímulos da percepção visual, por exemplo, se o gato via uma barra se movendo da direita para a esquerda, os neurônios estimulados eram diferentes de quando o gato via uma barra indo de cima para baixo.

Ao longo dos anos, Hubel e Wiesel também estudaram o cérebro do macaco, identificando uma organização espacial muito ordenada. Nesses estudos, eles identificaram que as células de uma parte do córtex apresentam uma estrutura neural bem definida que auxiliava na composição e identificação das imagens. Além disso, notaram que o comportamento dessas células correspondia à mesma orientação espacial identificada no estímulo, e a este conjunto de células deram a denominação "coluna de orientação espacial".

Praticamente uma década depois, em 1980, Kunihiko Fukushima (1936-) apresentou o Neocognitron, uma proposta de RNA que conseguia identificar padrões existentes em dados visuais. Para conseguir realizar essa tarefa, o Neocognitron utilizava uma rede composta por camadas de neurônios artificiais, as quais se encontram conectadas de forma fraca, ou seja, as conexões eram dispersas. Essas camadas ficaram conhecidas como camadas convolucionais.

Convolução é uma operação matemática especializada de operação linear; dessa forma, as redes neurais convolucionais apresentam ao menos uma camada em que utilizam a convolução, ao invés de outras operações matemáticas para o tratamento dos dados.

Fukushima foi o pioneiro no uso das RNAs no segmento da visão computacional, denominadas redes neurais convolucionais. Sua proposta tinha como base a concepção de como o ser humano enxerga. Durante o treinamento, foram apresentadas imagens de objetos que depois se encontravam inseridas em outras imagens, nas quais era requisitado que o Neocognitron identificasse se os objetos se encontravam presentes ou não.

Em 1989, o cientista da computação francês Yann LeCun (1960-) apresentou uma alteração na proposta do Neocognitron. No caso, introduziu uma rede neural com camadas convolucionais que se encontravam totalmente conectadas, essa solução ficou conhecida como ConvNet.

O conceito de uma camada totalmente conectada refere-se ao fato deque todos os neurônios artificiais existentes na camada anterior devem estar conectados com cada neurônio da camada atual.

Finalmente, depois das camadas totalmente conectadas, vem a camada de saída. Para o problema de classificação, é comum usar tantos neurônios quanto existam classes a serem previstas e a saída de cada neurônio tem uma função de ativação de tipo Softmax. A Softmax é responsável por transformar as saídas dos neurônios em um formato de probabilidades, isto é, todos os valores são não negativos, menores que um, e o somatório da saída de todos os Softmax é igual a 1. Esse formato é necessário para a função de perda *cross entropy* (tradução, entropia cruzada), que é a mais utilizada nos casos de regressão logística, como o é a classificação de imagens.

Na sua proposta, LeCun empregou o algoritmo de retropropagação para executar o treinamento, obtendo excelentes resultados quando empregados em testes de reconhecimentos de dígitos escritos manualmente, principalmente porque essa rede neural conseguia identificar quais padrões de filtros deveria aplicar nas imagens. Os filtros também são chamados de *kernels* de convolução.

Quase no final do século passado, em 1998, foi definido qual seria então o padrão das redes neurais convolucionais. Esse padrão envolvia o uso das camadas convolucionais intercaladas com outras camadas que executavam outras operações com o objetivo de reduzir a dimensionalidade da imagem e assim melhorar no tratamento dos dados. Essas camadas ficaram conhecidas como Camadas de *Pooling*.

Foi apresentada então a arquitetura LeNet-5, com um desempenho melhor do que as propostas anteriores, conseguindo identificar objetos rotacionados nas imagens apresentadas.

Apesar da evolução e da definição sobre a arquitetura das redes neurais para o tratamento de imagens, os requisitos computacionais para o processamento das imagens era muito grande, sendo oneroso, o que não justificava as aplicações comerciais.

Somente em 2005, com as necessidades aumentadas dos jogos eletrônicos para o processamento gráfico, foram apresentadas as melhorias nas Unidades de Processamento Gráficos (*Graphics Processing Units* – GPUs). O emprego desses processadores no aprendizado de máquina e, consequentemente, nas redes neurais convolucionais, trouxe uma nova expectativa para o seu emprego.

Os GPUs conseguem realizar com ótimo desempenho a multiplicação de matrizes utilizadas em geometria tridimensional. Por meio de ajustes foi possível empregá-las nas redes neurais convolucionais, tornando o uso das redes mais efetivo.

A forma de treinamento das redes neurais convolucionais era o supervisionado, com a apresentação de imagens e os seus rótulos de classificação. Para isso, é necessário ter acesso a um conjunto de imagens que apresentem a sua classificação, o seu rótulo. Além da quantidade, é preciso ter qualidade, sendo então complicado produzir esses bancos de imagens isoladamente.

Tendo em vista esse requisito e as dependências do poder computacional, em 2006, Geoffrey Hinton (1947-) introduziu o pré-treinamento ganancioso em camadas (*Greedy layer-wise pretraining*), um modelo de treinamento não supervisionado no qual ocorria a propagação dos dados por toda a rede em cada passo do gradiente.

Na proposta de Hinton, um treinamento único começava na primeira camada, em seguida, com a extração das informações, esses dados eram encaminhados para a segunda camada, a qual também seria treinada de maneira isolada.

Durante o período de 2007 até 2013, essa técnica foi amplamente utilizada, principalmente devido ao fato de as necessidades computacionais para sua implementação serem poucas e, também, pela falta de bancos de imagens consolidados para que os treinamentos pudessem ocorrer.

Atualmente, as redes convolucionais utilizam as técnicas do treinamento supervisionado, empregando o algoritmo de retropropagação durante essa etapa.

Em 2010, a pesquisadora chinesa Fei-Fei Li (1976-), da Universidade de Stanford, liderou um grupo que criou o ImageNet, um gigantesco banco de dados de imagens que continha milhões de imagens rotuladas. Esse banco foi utilizado como base para uma Competição de Reconhecimento Visual de Grande Escala (*ImageNet Large Scale Visual Recognition Challenge*

– ILSVRC), na qual a *performance* da aplicação de diversas redes neurais é avaliada anualmente, permitindo comparar tecnologias.

Dois anos depois, em 2012, Alex Krizhevsky (1986-), em colaboração com Ilya Sutskever (1986-) e Geoffrey Hinton (1947-), apresentou a rede neural AlexNet, nomeada assim em referência ao primeiro autor do artigo então publicado. O AlexNet apresentou resultados surpreendentes no tratamento da visão computacional, obtendo ótimos resultados (muito superiores) na competição ILSVRC, com uma taxa de erro na análise de 16,4%. Até então a taxa era de 25,8%.

Para obter esse feito, a AlexNet apresentou melhorias em sua arquitetura, resultando em um bom desempenho da rede devido à integração de vários níveis de transformações. Podemos afirmar que o maior feito da AlexNet foi popularizar e disseminar o uso das redes neurais convolucionais na sua aplicação em visão computacional.

A relação da quantidade de camadas ocultas nas redes neurais foi apresentada em 2014, com a introdução do *Visual Geometry Group* 19 (VGG-19), proposta de Karen Simonyan, Andrew Zisserman (1957-), participantes do Grupo de Geometria Visual da Universidade de Oxford. O VGG-19 obteve destaque no ILSVRC de 2014.

O VGG-19 era uma rede neural convolucional que continha 19 camadas de profundidade. Essa rede conseguia identificar e classificar imagens em mais de 1.000 categorias de objetos, tais como teclado, *mouse*, lápis e diversos tipos de animais. Mediante os resultados da VGG-19, ficou comprovado que a quantidade de camadas é um fator crucial que impacta no desempenho de uma rede neural, sendo o VGG-19 o sucessor do modelo VGG-16, que continha 16 camadas de profundidade.

A arquitetura do VGG-19 era composta por 16 camadas convolucionais e 3 camadas totalmente conectadas. Como a arquitetura apresentava um padrão direto e repetitivo, tornava fácil o seu entendimento e, também, a sua implementação.

No mesmo ano de 2014, ocorreu a apresentação da rede neural convolucional GoogLeNet, também conhecida como Inception v1. Desenvolvida pelos pesquisadores do Google, entre eles Christian Szegedy, apresentou um retorno na taxa de acerto muito grande na competição ILSVRC, obtendo o primeiro lugar com o valor de 6,7% de taxa de erro, tendo 22 camadas de profundidade.

Com esse feito, o GoogLeNet estabeleceu uma nova referência na classificação e detecção de objetos. O motivo foi devido ao uso de uma metodologia inovadora. A arquitetura do GoogLeNet substituiu as camadas totalmente conectadas por camadas de *pooling* com média global, melhorando a precisão.

Podemos descrever a arquitetura do GoogLeNet como a composição de 22 camadas de redes neurais convolucionais que incluíam camadas convolucionais, camadas de *pooling*, camadas de normalização e, também, camadas totalmente conectadas. Com a adoção dos módulos denominados "Inception modules" conseguiam extrair características de imagens que se encontravam em diferentes escalas e resoluções.

Apesar de parecer ser intuitivo o fato de, ao ampliar a quantidade de camadas de profundidade, melhorar o retorno da rede neural, era preciso tratar o problema de qual tamanho de filtro de convolução utilizar. A Figura 10.2 mostra como é a operação de convolução em uma matriz representando uma imagem.

Figura 10.2 – Representação da convolução

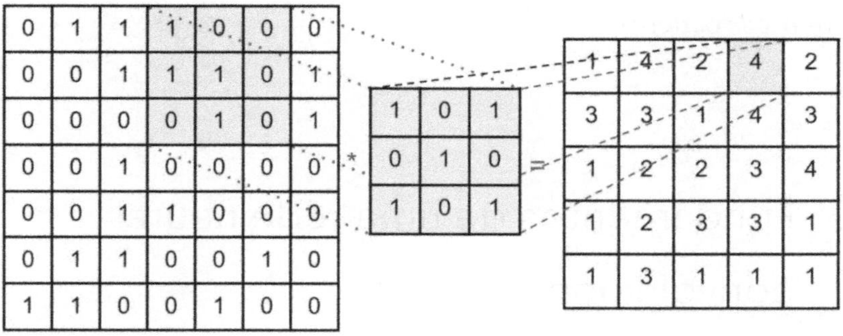

Fonte: Elaborada pelo autor, 2025.

O tamanho dos filtros que podem ser adotados é 3×3, 5×5 ou 1×3, e o filtro escolhido gera um impacto no desempenho do aprendizado da rede neural. Para solucionar esse problema, os pesquisadores do Google implementaram o cálculo da média global, ou seja, eles combinaram os resultados da aplicação de vários filtros de convolução, eliminando a questão de qual filtro deveria ser utilizado.

Ao longo dos anos, outras modificações das redes neurais convolucionais foram surgindo, como a Rede Totalmente Convolucional (*Fully Convolutional Networks* – FCN), que tinha como objetivo tratar da segmentação semântica, e uma solução definitiva foi apresentada em 2017 pelos pesquisadores estadunidenses Jonathan Long, Evan Shelhamer e Trevor Darrell.

Em sua proposta, Long e os colegas propuseram substituir as camadas totalmente conectadas das redes neurais convolucionais por uma nova camada de convolução. Dessa forma, enquanto as soluções apresentadas até esse momento tratavam da classificação da imagem como um todo, a FCN abordava a segmentação semântica de imagens, separando a mesma em partes por meio de uma adaptação na estrutura de redes neurais de classificação. Essa solução foi uma derivação da arquitetura VGG.

A ideia da segmentação semântica é que todo *pixel* da imagem de entrada seja classificado, e a rede é treinada de forma a prever a qual classe cada um dos *pixels* pertence.

10.3 Fundamentos de uma rede neural convolucional

Ao longo dos anos, a evolução das redes neurais artificiais apresentou diversas possibilidades de arquiteturas e propostas de implementação. Apesar das diferenças quanto à quantidade de camadas, como se encontram conectadas ou do tamanho do filtro adotado, uma arquitetura básica sempre se manteve, tendo ao menos uma camada de convolução e uma camada de *pooling*.

A distribuição de camadas da rede neural convolucional é vista na Figura 10.3, na qual temos a execução de dois processos de convolução com a camada de *pooling* em seguida de cada uma.

Figura 10.3 – Exemplo de uma arquitetura CNN

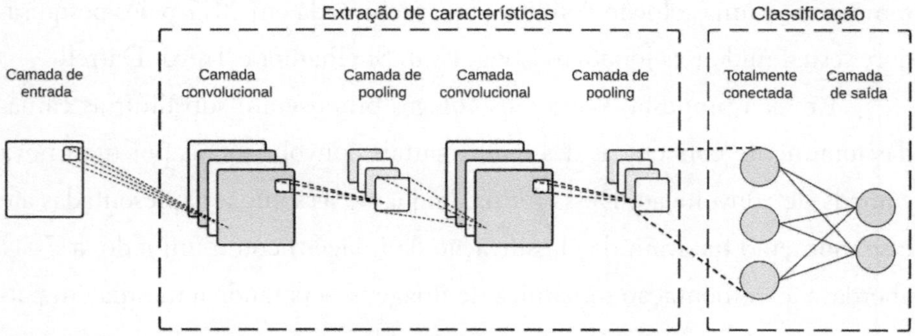

Fonte: Elaborada pelo autor, 2025.

O interesse em utilizar as redes neurais convolucionais está na aplicação em visão computacional, além das possibilidades de uso; o tratamento de uma imagem se torna simples quando considerado que é um arquivo estático composto por *pixels*.

Assim, quando a rede é treinada para identificar um objeto em uma imagem, mesmo que ele se encontre em outros locais dela, a rede consegue detectá-los, pois as propriedades que caracterizam o objeto a ser identificado se mantêm.

A seguir, veremos com mais profundidade sobre a arquitetura padrão de uma rede neural convolucional.

10.3.1 Arquitetura das redes neurais convolucionais

Por mais que melhorias tenham surgido nas redes neurais artificiais, a proposta de Fukushima, de 1980, apresentada com o Neocognitron, tornou-se a base e norteou todas as redes neurais que surgiram depois. Nessa proposta foram apresentados os dois novos tipos de camadas: as convolucionais e as camadas *pooling*, e como elas se relacionam e atuam para que a rede consiga trabalhar com as imagens de entrada.

A camada convolucional tem como finalidade identificar as características existentes nos arquivos de entrada de forma a verificar se determinados objetos existem nesses arquivos. É composta por diversos filtros de convolução que permitem tratar as imagens de forma a facilitar na sua análise. Os filtros permitem que sejam calculados diferentes mapas de características da imagem original.

Um mapa de características contém as regiões de uma imagem onde são encontrados os padrões correspondentes ao filtro aplicado, permitindo que a rede consiga aprender a reconhecer propriedades da imagem, como bordas ou texturas.

Em um mapa de características, todo neurônio se encontra conectado com uma região de neurônios vizinhos existentes na camada anterior. A essa vizinhança chamamos de campo receptivo do neurônio.

Para que o mapa de características seja obtido, é preciso realizar duas etapas. Na primeira etapa temos a imagem de entrada, que passa pela convolução de um filtro já aprendido para então passar por uma função de ativação não linear.

A função de ativação é a parte da camada de convolução; contudo, como praticamente em toda rede neural convolucional existe uma função de ativação após a camada convolucional, muitos autores tratam como uma parte obrigatoriamente existente e até integrante da camada de convolução. A função de ativação é que possibilita a detecção de características não lineares na imagem de entrada.

A seguir, veremos em detalhes cada um dos elementos principais que compõem a rede neural convolucional.

10.3.2 Camadas convolucionais

A principal camada das redes neurais convolucionais é a convolucional, a qual permite que a rede neural consiga trabalhar com matrizes e assim processar imagens. Uma imagem é representada pela largura, pela altura e pela profundidade que correspondem matematicamente a uma matriz com linhas, colunas, e um terceiro valor corresponde à profundidade da imagem, a qual é representada por 1, pois as imagens são bidimensionais.

Ao considerar a imagem a ser analisada como uma matriz, é possível aplicar funções e transformações matemáticas, simplificando a complexidade da visão computacional em equações matemáticas.

A convolução é uma operação matemática que soma o produto entre duas funções considerando a região em que elas se sobrepõem em uma matriz, e, conforme o deslocamento ocorrido entre elas, vai percorrendo todo o espaço delimitado.

Podemos representar a imagem a ser tratada como uma matriz composta por linhas e colunas. As operações que são executadas pela convolução são operações matriciais relacionadas com a transformada de Fourier e a transformada de Laplace.

A constituição quanto à conectividade dos neurônios artificiais da camada convolucional segue uma conexão parcial, em que os neurônios existentes na primeira camada convolucional encontram-se conectados com um conjunto de neurônios que fazem parte do seu campo sensorial de entrada.

Consecutivamente, os neurônios das camadas convolucionais seguintes também se encontram conectados com o conjunto de neurônios que se encontram na camada anterior associados com uma pequena região que representa o campo de visão.

Essas operações matemáticas que ocorrem nas convoluções são os filtros que são aplicados na imagem. Os filtros são o diferencial das redes neurais convolucionais para o tratamento da visão computacional, pois é por meio deles que as operações de tratamento das imagens ocorrem.

O procedimento implementado faz com que o filtro venha a analisar todos os dados da imagem, percorrendo a matriz correspondente em toda a sua totalidade, e, conforme percorre, aplica um filtro definido, que são as operações de convolução.

Como a rede neural convolucional aplica o algoritmo de retropropagação, a cada iteração, os filtros são ajustados de forma a obter o melhor resultado em cada processamento. Nesse tipo de rede os filtros acabam tendo a mesma função dos pesos existentes nas redes neurais, sendo ajustados a cada iteração do processamento.

A sua aplicação ocorre da seguinte forma: considerando que as imagens são separadas em pequenas regiões, estas criam janelas de atuação dos filtros, ou seja, para cada segmento da imagem aplica-se o filtro, o qual corresponde à multiplicação do valor da matriz pelo elemento de mesma posição na região em que o filtro está sendo aplicado naquele instante.

Ao término do processo, então, é feita uma soma dos resultados dessas multiplicações de forma a obter um único valor que corresponda à aplicação do filtro em uma determinada região da imagem. Esse número corresponde àquela região na nova imagem.

Assim, o objetivo principal do filtro é realizar a operação de multiplicação e soma entre duas matrizes, efetuando, com isso, a convolução. A Figura 10.4 mostra como é o funcionamento de uma rede neural convolucional.

Figura 10.4 – Funcionamento de uma rede neural convolucional

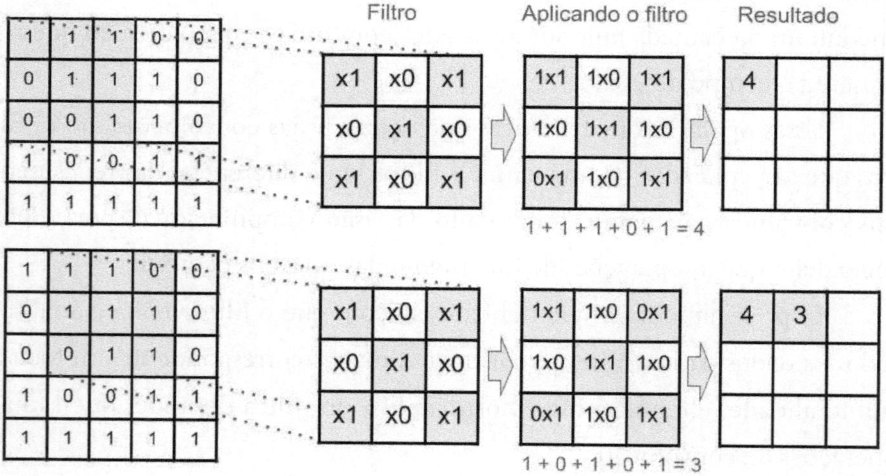

Fonte: Elaborada pelo autor, 2025.

Nesse exemplo, o filtro é em formato de X, considerando os valores existentes nesses pontos como multiplicados por 1, e os demais por 0. O resultado da aplicação do filtro é somado, assim, resultando no valor final.

Por exemplo, na primeira execução, temos quatro valores 1 que, somados, resultam em 4; assim, o número final obtido é 4.

Podemos representar a aplicação do filtro com a seguinte situação: um segmento de matriz corresponde à imagem a ser analisada, que é representada por um quadrado com todos os campos pretos, exceto por uma linha central vertical branca.

Essa imagem é representada por uma matriz quadrada preenchida por zeros e com uma coluna central preenchida pelo número um. Ao aplicar o filtro em todos os elementos da matriz, nos valores iguais a zero o resultado será nulo, tendo efeito somente na linha central. O resultado da aplicação do filtro será somado e irá representar esse quadrado na próxima representação da imagem.

Como as redes neurais convolucionais utilizam o algoritmo de retropropagação, a cada repetição do processamento, os filtros serão ajustados, assim, a camada convolucional irá identificar quais são os filtros que são mais importantes de forma a atender a determinada tarefa.

A camada convolucional é o resultado da aplicação desses filtros mencionados. A Figura 10.5 ilustra como os filtros alteram a imagem, mostrando maior ou menor ênfase em algumas características.

Figura 10.5 – Aplicação de filtros

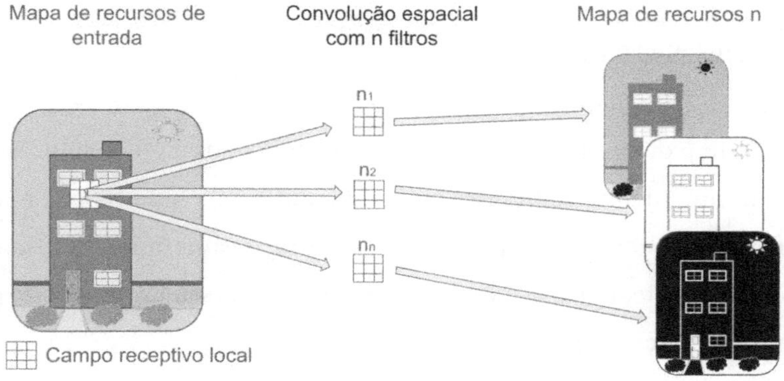

Fonte: Elaborada pelo autor, 2025.

Como as camadas convolucionais não se encontram totalmente conectadas com os neurônios da camada anterior, é possível fazer com que o processamento da imagem seja concentrado em partes da imagem total, permitindo que sejam mais facilmente identificados objetos nessas partes e direcionados para as camadas posteriores.

Podemos então descrever o funcionamento da camada convolucional da seguinte forma: a imagem a ser processada é tratada como uma matriz que é segmentada em sub-regiões que apresentam tamanhos que podem ser 3x3x1 ou de 5x5x1 (largura, altura e profundidade).

Para cada trecho, é aplicado um filtro de 3x3, por meio do qual é possível extrair as características da entrada. Essas características são de baixo nível nas primeiras camadas, e, conforme os dados avançam no processamento, novas características de alto nível são obtidas. Dessa forma, é possível aplicar tratamentos particulares para cada parte diferente da imagem.

Em cada convolução ocorre uma transformação mediante a aplicação de um filtro em que todos os valores da sub-região são representados por um único valor. Por meio dessa ação, é possível reduzir o tamanho da imagem original e também concentrar todas as informações importantes em um único ponto.

10.3.3 Tipos de Filtros

Existem diversos filtros que podem ser aplicados nas convoluções, cada qual com um objetivo de tratamento de uma imagem, aqui representada por uma matriz. Conforme o emprego de cada filtro, o valor único resultante acaba sendo diferente, por isso é importante saber quais são os filtros que podem e devem ser aplicados ao tratar uma imagem.

As redes neurais convolucionais aplicam os filtros de maneira automática; contudo, é relevante conhecer quais são os aplicados para compreender como o aprendizado do reconhecimento de um objeto em uma determinada imagem pode ocorrer.

Vemos a aplicação dos diversos tipos de filtro na Figura 10.6, a imagem é representada por uma matriz de 3x3, e os valores mostram como os filtros alteram a percepção de cada *pixel* (ou elemento) da imagem original.

Figura 10.6 – Tipos diferentes de filtros de imagens

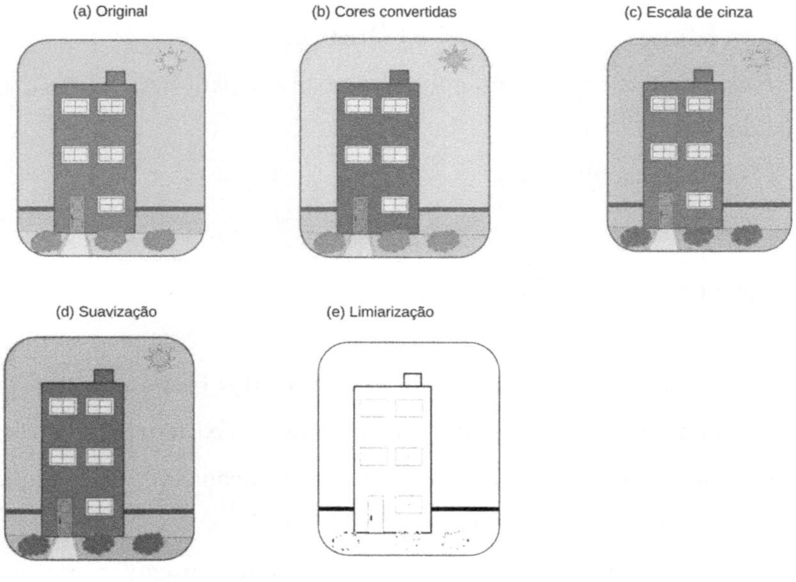

Fonte: Elaborada pelo autor, 2025.

Uma imagem digital é composta por *pixels* que podem apresentar milhares de variações quanto aos tons de cores, pois normalmente seguem o padrão Vermelho-Verde-Azul – *Red Green Blue* (RGB). Assim, é importante converter a imagem para tons de cinza de forma a ter somente um canal de cor que apresenta valores em cada *pixel* entre 0 a 255.

Independentemente de a imagem ser apresentada em tons de cinza ou colorido, o conteúdo se mantém, então, é possível trabalhar no processamento visual utilizando o resultado das cores convertidas na escala de cinza e, com isso, simplificar o processamento das imagens a serem estudadas.

Mediante a conversão, é possível reduzir a quantidade de informação que é processada, e então tornar mais eficiente o uso das redes neurais em aplicações práticas.

Por exemplo, em uma imagem retangular com 50 *pixels* de largura e 100 pixels de comprimento, ao convertê-la em tons de cinza para ser processada, teremos uma matriz com 50 linhas e 100 colunas, na qual cada elemento será um número inteiro com valor entre 0 a 255.

Nessa matriz é que serão aplicados os filtros para tratamento e identificação de objetos.

Os principais filtros são:

1) Filtros de suavização

Os filtros de suavização, também conhecidos como passa baixa, são utilizados para remover ruídos em imagens digitais. Existem diversas técnicas de suavização, e uma das mais utilizadas é a suavização conservativa, que emprega técnicas de redução de ruídos.

Essa técnica utiliza um algoritmo simples que consegue remover o ruído mantendo as características principais da imagem original, como o contorno dos objetos.

A suavização conservadora remove os picos de ruído, ou seja, pontos muito discrepantes observados na imagem. Contudo, não é adequada para tratar os demais tipos de ruído que não alcancem valores muito elevados.

Existem os filtros de suavização não conservativos, podendo ser exemplificados pelos filtros de média, que são mais eficientes, porém removem os detalhes da imagem, como linhas finas e curvas muito agudas, produzindo o efeito de *blur* na imagem.

O efeito de *blur* pode ser traduzido como efeito de borrar as bordas dos objetos, proporcionando uma imagem com bordas mais homogêneas. Nessa ação perde-se o controle efetivo de quais são as bordas do objeto a ser identificado.

O funcionamento do filtro de média ocorre da seguinte forma: considerando o tamanho da janela do filtro como uma matriz de 3 x 3, o elemento central da matriz irá receber a média da soma de todos os valores vizinhos a ele. Assim, quanto maior a janela, maior a influência dos vizinhos e, consequentemente, maior o resultado do efeito de *blur*.

Existe outro filtro não conservativo, chamado de filtro de mediana. Ele possui a mesma operacionalidade do filtro de média, porém, ao invés de substituir o elemento central pela média, ele calcula a mediana e faz essa consideração. Contudo, ao utilizar esse filtro, perdem-se os detalhes das linhas finas e das curvas agudas.

2) Filtros para detecção de bordas (*edge detection*)

Podemos definir uma borda como um contorno entre um objeto e outros elementos existentes sobrepostos em uma imagem. Esse contorno pode ser uma linha contínua e fechada.

Apesar de a definição ser simples, a identificação dos contornos de objetos não é devida à existência de variações que podem ocorrer. Mesmo conseguindo identificar a ocorrência das bordas por notar alterações na imagem, é preciso então tratar essas partes obscuras para se ter todo o descritivo do objeto.

Podemos exemplificar como é a detecção de borda por meio de um ponto. No caso, para conseguir distingui-lo em uma imagem, é preciso identificar grandes mudanças do valor de cinza em relação aos valores dos seus vizinhos.

Já quando expandimos para a detecção de linhas, é preciso não somente identificar uma mudança entre os pontos processados, como também identificar uma similaridade desses pontos com algum dos vizinhos, encontrando *pixels* semelhantes e que podem fazer parte de uma linha comum.

Seguindo esse princípio, a detecção de bordas é o procedimento de localizar e identificar quais *pixels* representam o contorno de um objeto, utilizando técnicas em que se aumente o contraste existente entre a borda do objeto com os demais elementos da imagem.

A detecção de bordas possibilita identificar e localizar objetos complexos em imagens, sendo uma forma desenvolvida para o processamento de imagem que permite atuar com objetos sem textura. Conforme uma imagem passa pelo filtro de detecção de bordas, acaba gerando uma que apresenta menos detalhes para serem analisados. Com isso, a detecção de bordas é empregada para identificar arestas que atendam às especificações a serem encontradas.

Apesar de aparentar ser um procedimento simples, em muitas ocasiões bordas não bem definidas, ruídos ou até textura dos objetos dificultam a identificação de suas bordas, principalmente quando associados com a aplicação do filtro de suavização. Nesses casos, perdem-se informações da imagem que podem prejudicar na realização da tarefa.

Visando obter melhores técnicas que auxiliassem nessa tarefa, um número diverso de soluções foi sendo desenvolvido e implementado. Dentre as principais soluções existentes, John F. Canny (1958-) apresentou, em 1986, uma técnica que ficou conhecida como Detecção de Bordas de Canny.

A solução de Canny considerava dois pontos principais: a detecção e a localização. Tendo como objetivo desenvolver um detector que fosse adequado para atuar com as bordas mais comumente encontradas nos arquivos digitais, que são as bordas de tipo degrau, Canny verificou que poderia empregar como operador a função relacionada com a primeira derivada da função Gaussiana.

Outra contribuição de Canny é a proposta de um processo de afinamento de bordas, conhecido como Processo de Supressão não Máxima, e de outro processo que trataria de remover a fragmentação das bordas geradas por ruído da imagem, denominado Processo Histerese.

Por meio do emprego das técnicas de Canny, é possível atuar com diversos tipos de imagens conseguindo identificar sua borda com uma ótima exatidão. Canny definiu três requisitos necessários para garantir a correta identificação de bordas:

- Boa detecção: a borda deve ser detectada na imagem apresentada.
- Boa localização: a borda identificada deve representar o melhor possível a borda real.
- Ruídos mínimos: o esperado é que a borda resultante apresente pouco ruído em relação à borda exibida, facilitando a sua identificação.

Para identificar a borda, Canny apresentou um algoritmo que era composto por cinco etapas necessárias:

1. **Redução de ruído:** os ruídos podem prejudicar na identificação de um objeto. Para isso, é preciso eliminar ou reduzir o ruído na imagem por meio da aplicação do desfoque gaussiano para suavizá-lo. Esse filtro pode ter o tamanho de 3x3, 5x5, 7x7, e assim por diante. Quanto menor o tamanho do filtro menos visível será o desfoque.
2. **Cálculo de gradiente:** o cálculo do gradiente identifica a intensidade e a direção da borda mediante o cálculo do gradiente da imagem obtido por meio de operadores de detecção de borda. As bordas correspondem a uma mudança na intensidade dos *pixels*, então, para detectá-lo, pode-se aplicar filtros que evidenciem essa mudança de intensidade nas direções horizontal (x) e vertical (y).

3. **Supressão não máxima:** a supressão não máxima tem como finalidade afinar as bordas. Para isso, o algoritmo percorre todos os pontos da matriz de intensidade de gradiente e encontra os *pixels* com valor máximo nas direções das bordas. Esses *pixels* são tratados de forma a melhorar o resultado obtido.
4. **Limite duplo:** nessa etapa são identificados três tipos de *pixels*: fortes, fracos e não relevantes existentes na imagem. Os *pixels* fortes apresentam uma intensidade muito alta, sinalizando que fazem parte da borda final. Já os *pixels* fracos apresentam uma intensidade baixa, porém indicam que fazem parte da borda. Por fim, todos os demais pixels possuem uma intensidade muito baixa e não devem ser considerados para a identificação da borda.
5. **Rastreamento de borda por histerese:** a última etapa consiste em transformar os *pixels* fracos em fortes nos casos em que ao menos um dos *pixels* ao redor do que está sendo processado for forte.

Ao término de todas as etapas obtém-se a borda do objeto a ser identificado.

3) Filtros de nitidez (*sharpen*)

Os filtros de nitidez têm como objetivo deixar a imagem mais nítida, o que significa realçar os detalhes existentes na imagem e melhorar as características existentes de forma a facilitar o seu reconhecimento.

Por meio da melhoria da imagem, consegue-se fazer operações matemáticas e operações nas matrizes apresentando melhores resultados. A nitidez é melhorada mediante o aumento do contraste nas bordas identificadas em uma imagem, permitindo identificar bem quais são os objetos existentes na imagem analisada.

10.3.4 Função de ativação

Assim como em uma rede neural artificial, após o processamento dos dados, eles são encaminhados para uma função de ativação, a qual irá identificar qual deve ser o comportamento esperado do neurônio artificial conforme os valores apresentados.

O mesmo ocorre nas redes neurais convolucionais, em que a função de ativação se encontra logo após a camada convolucional. A função de ativação mais comumente adotada nas nessas redes é a função Unidade Linear Retificada (*Rectified Linear Unit* — ReLU).

O emprego de funções de ativação ReLU melhorou significantemente o uso das redes neurais, principalmente quanto ao tempo de treino das redes neurais.

10.3.5 Camadas de *pooling*

O objetivo principal da camada de *pooling* é reduzir a resolução da imagem a ser analisada, diminuindo o tamanho da entrada e o custo computacional proveniente da ação.

A camada de *pooling* mantém as principais características da imagem e ocorre logo após ter finalizado o processamento na camada convolucional. O uso dessa camada consegue minimizar a ocorrência de ajustes no processamento.

De forma similar à da camada convolucional, para cada neurônio artificial existente na camada de *pooling* a sua conexão com os neurônios da camada anterior são parciais, ou seja, não está totalmente conectada com todos os neurônios. Considera um campo receptor pequeno e retangular.

Esse campo tem a sua dimensão definida pelo usuário, podendo ser, por exemplo, 3x3. Além disso, por meio dessa ação, pode-se definir a quantidade de neurônios envolvidos nessa tarefa.

O funcionamento da camada de *pooling* é bem simples, não tendo o uso de pesos como na camada convolucional, mas sim o emprego de uma função de agregação que irá agrupar os dados de entrada em um valor de saída, podendo ser calculado como o valor máximo ou com a média dos valores.

O filtro de *pooling* que considera o valor máximo existente na janela determinada para análise é um dos mais empregados nas redes neurais convolucionais. Um dos motivos é que, quando se seleciona o valor máximo, acaba potencializando o peso da imagem, valorizando os pontos mais fortes.

A particularidade de a camada de *pooling* conseguir diminuir o tamanho da imagem, mas mantendo as suas propriedades principais, é mostrada na Figura 10.7, na qual a matriz representa a imagem, e os valores são as cores existentes em cada trecho.

Cada cor representa a execução da função de *pooling* com a sua simplificação da imagem.

Figura 10.7 – Camada de *pooling*

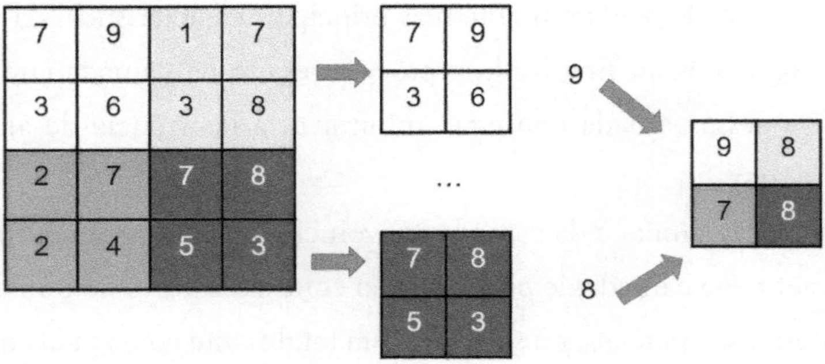

Fonte: Elaborada pelo autor, 2025.

Podemos exemplificar a aplicação do *pooling* com um filtro com tamanho 2x2, que realiza dois passos nos sentidos da vertical e da horizontal. Esses parâmetros apresentam o quanto da imagem original será reduzido, sendo impactado pelo tamanho do filtro do *pooling*, quanto maior o filtro, maior a redução, da mesma forma que, quanto menor o tamanho do filtro, menor a taxa de redução da imagem resultante.

Um passo se refere a quantos *pixels* são percorridos em cada aplicação do *pooling*, indicando quantas vezes a matriz que representa a imagem deve ser processada, de forma a compor a imagem reduzida.

Em um passo de dois, temos que são percorridos dois elementos da matriz por vez, assim indicando em que localidade o filtro de *pooling* deve iniciar o seu processamento. Normalmente adota-se como tamanho de passo o valor 2.

O movimento que ocorre na imagem é um dos fatores de sucesso, ao realizar o processamento via rede neural convolucional, pois ele permite percorrer toda a imagem, inclusive fazendo com que elementos de borda tenham impacto em ambas as partes de uma imagem.

A Figura 10.8 mostra como que a rede neural caminha pela imagem realizando o *pooling* nela.

Figura 10.8 – Movimentação da camada de *pooling*

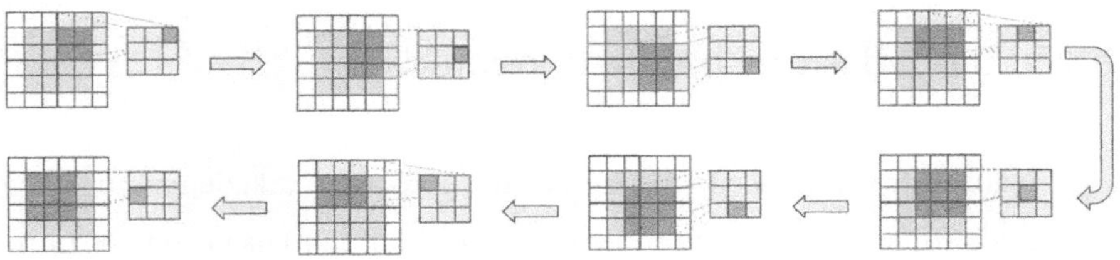

Fonte: Elaborada pelo autor, 2025.

Podemos representar o caminho percorrido pela camada de *pooling* por meio da imagem, na qual o retângulo verde representa o filtro e a área azul, a entrada. O filtro de pooling fica sobreposto em uma parte da imagem de azul – é nessa sobreposição que é aplicada a função de *pooling*, em que os valores são identificados, e assim o máximo valor é utilizado.

Toda a entrada é percorrida na etapa do *pooling*, gerando uma nova imagem reduzida. Caso o filtro esteja percorrendo uma parte que não tem correlação com a imagem, como a borda em branco, no caso, então, o valor utilizado é zero, não impactando na imagem resultante.

Encontramos a camada de *pooling* após a execução da função de ativação da camada convolucional, e o mapa de características da camada de *pooling* se encontra conectado com a sua parte correspondente do mapa de características da camada convolucional anterior.

Conforme existirem outras camadas de *pooling* na arquitetura da rede neural artificial, a imagem vai sendo reduzida a cada camada, por isso é importante elaborar a melhor estrutura de processamento antes de iniciar a implementação.

Dessa forma, temos a existência da camada de convolução, seguida pelo filtro de ativação, e então pela camada de *pooling*. Esses três elementos devem existir conforme formos aumentando a quantidade de camadas convolucionais existentes no processamento.

10.3.6 Camadas totalmente conectadas

Não existe um conceito formal de que, após a camada de *pooling*, deve ser inserida uma camada totalmente conectada, ainda mais porque os filtros existentes na convolucional têm como objetivo detectar características mais precisas nos dados de entrada, enquanto as aplicações da camada de *pooling* procuram identificar itens mais abstratos.

O objetivo de empregar uma camada totalmente conectada após a camada de *pooling* é conseguir analisar as características existentes na abstração da imagem original. Podemos exemplificar como a classificação de objetos ou a detecção de elementos em uma sequência de imagens.

10.4 Funcionamento das redes neurais convolucionais

A operacionalidade das redes neurais convolucionais segue a mesma premissa do funcionamento das redes neurais artificiais, tendo como principais diferenças a existência de camadas e funções próprias para o tratamento de imagens, que são arquivos digitais bidimensionais.

Podemos explicar o funcionamento das redes neurais convolucionais com a execução das seguintes etapas:

Entrada: um arquivo de entrada contendo uma imagem é encaminhado para a entrada da rede.

Camadas convolucionais e *pooling*: esse arquivo de entrada irá passar por uma ou mais camadas convolucionais seguidas por uma de *pooling*. Em cada camada convolucional serão aplicados filtros que irão detectar as bordas, as texturas, além de outras características na imagem. Já as camadas de *pooling* irão reduzir a imagem, porém de forma a manter as informações mais importantes.

Camadas totalmente conectadas: essas camadas combinam as características obtidas, e com isso realizam a classificação final.

Saída: classificação da imagem quanto à probabilidade de pertencer a uma classe.

Ao término do processo, a imagem será classificada conforme os rótulos classificatórios utilizados no treino, assim como caso as classificações sejam quanto à existência ou não de objetos no arquivo, indicando então se os mesmos estão presentes ou ausentes no arquivo.

10.5 Treinamento das redes neurais convolucionais

As redes convolucionais empregam a metodologia do aprendizado supervisionado, então, é preciso ter um conjunto de dados de treinamento devidamente rotulados, auxiliando na etapa de treino. Além disso, para cada repetição, ocorre o algoritmo de retropropagação.

Apesar de o conceito de aplicabilidade ser o mesmo, o fator imagem encarece muito o treinamento das redes neurais convolucionais, pois é preciso praticar com dezenas de milhares de imagens, então, dependendo do tamanho de cada arquivo de entrada, o recurso computacional é bem oneroso. Isso porque, como a rede precisa interpretar os dados e aplicar os filtros conforme a necessidade, podem ocorrer muitas iterações.

Existem algumas técnicas que permitem que o treino das redes neurais seja mais otimizado, permitindo o seu uso de forma mais democrática, pois não são necessários grandes investimentos para ocorrer o treino da rede em situações mais simples.

Uma das técnicas empregadas é a Transferência de Aprendizado (*Transfer Learning*), na qual se utiliza um modelo pré-treinado em um número muito grande de dados fazendo ajustes para aplicar essa rede já preparada em outras tarefas. O *Transfer Learning* é muito útil nas situações em que se tem um conjunto de dados com poucos elementos, assim podendo até inviabilizar um projeto por falta de dados.

Outra técnica que permite o uso das redes convolucionais quando não se tem um grande número de dados é o uso do Aumento de Dados (*Data Augmentation*), na qual são empregados meios para ampliar a quantidade dos dados de treino mediante a realização de transformações simples nos dados de entrada, como rotação da imagem, inversão e até recortes nas imagens.

Durante o treinamento das redes neurais é importante utilizar algum meio de monitoramento de Métricas de Desempenho, tais como a precisão, possibilitando analisar o modelo durante o treino e assim evitando problemas por meio de verificações quanto às métricas definidas.

Também não é recomendado deixar que a rede neural aprenda sem o conhecimento humano sobre o processo de aprendizagem, no caso, quais filtros aplicados de forma a reconhecer o que era esperado na imagem. Por meio desse conhecimento, o usuário pode entender quais pontos específicos da entrada são utilizados no processo de classificação.

Por fim, sempre que for possível e necessário, empregue as GPUs e treinamentos em sistemas distribuídos, melhorando assim a velocidade do aprendizado mesmo que estas incorram em grandes volumes de dados para o treinamento.

10.6 Usos das redes neurais convolucionais

Podemos utilizar as redes neurais convolucionais em diversas tarefas, como na identificação de objetos nas imagens, de características e também de segmentação da imagem conforme padrões predefinidos.

Atualmente o uso da visão computacional está sendo muito explorado, seja nas câmeras de identificação visual, reconhecimento de placas de veículos, atuação em biometrias e equipamentos de segurança até no segmento de entretenimento.

O uso massivo das redes neurais convolucionais é principalmente devido à velocidade que a rede consegue processar e identificar os objetos, permitindo que sejam utilizadas em dispositivos que não tenham tanto poder computacional.

Além do uso das redes neurais em aplicações de tarefas visuais que os seres vivos já conseguem fazer, temos também o surgimento de novas aplicações, como o uso de redes convolucionais para reconhecer ondas sonoras conforme a captação em equipamentos de suas vibrações.

Outra possibilidade de uso é quanto à identificação de caracteres em escritas, assim permitindo identificar palavras encontradas em imagens, como, por exemplo, uma fotografia de um anúncio publicitário. Um emprego recente é na geração de imagens artificiais, criadas pela inteligência artificial, demonstrando que o futuro da visão computacional ainda é muito amplo, pois com esse tipo de uso é possível restaurar quadros, fotos antigas ou até alterar registros recentes de forma a parecer que são imagens reais.

10.7 Conclusões

A visão computacional é uma das empregabilidades das redes neurais artificiais que mais vem se desenvolvendo ao longo dos anos. Na última década, os avanços tecnológicos foram muito expressivos.

Inspirada no córtex visual, a forma de fazer com que as máquinas possam enxergar o mundo em que vivemos é muito interessante. O uso das camadas de convolução propiciou meios de transferir o mundo real para ser processado pelas máquinas.

Historicamente as redes convolucionais foram uma das primeiras redes neurais com uso comercial, apresentando inúmeras possibilidades de uso já que tratam da análise de imagens.

Atualmente o uso das redes neurais convolucionais pode ser visto em equipamentos de controle de acesso mediante reconhecimento facial, em *smartphones* e em inteligência artificial generativa.

A aceitação da sociedade quanto ao amplo uso das redes neurais convolucionais para o processamento de imagens permite que novas formas de uso ainda venham a ser exploradas, e, com isso, que o uso dessas redes seja muito mais explorado.

Capítulo 11

Redes Neurais Recorrentes

11.1 Introdução

Existem duas ramificações principais das redes neurais profundas: a CNN e a RNN. Enquanto a primeira trata de assuntos relacionados com a visão computacional, a segunda trata do processamento sequencial de dados.

As redes recorrentes conseguem realizar análises de dados de séries temporais e, baseadas em seus resultados, emitir valores futuros. Por exemplo, ao analisar os dados de uma determinada ação na bolsa de valores, essa rede consegue estimar qual será o valor em uma data posterior.

Essas redes também conseguem processar uma entrada que não apresente um padrão fixo, o que permite ser utilizada para o processamento de linguagens naturais, reproduções de áudios e documentos, tendo uma versatilidade muito grande de aplicações.

Veremos a seguir um breve histórico das redes neurais recorrentes.

11.2 Histórico das Redes Neurais Recorrentes

As redes neurais recorrentes conseguem armazenar um histórico das entradas sequenciais recebidas realizando conexões entre os neurônios artificiais de forma que sejam gerados ciclos, os quais são chamados de conexões recorrentes. Eles conseguem armazenar um vetor de estados que apresenta todas as informações de todas as sequências de entradas que foram inseridas na rede neural.

Dessa forma, as entradas são revistas durante o processamento dos dados e a rede neural recorrente simula apresentar uma memória do que foi visto, podendo intervir com uma análise de todos os dados inseridos para serem processados. Assim, uma rede recorrente consegue aprender dependências de longo alcance.

Historicamente, os estudos sobre a forma de processamento das redes neurais recorrentes remetem à década de 1980, quando o físico e neurologista estadunidense John Joseph Hopfield (1933-) anunciou uma rede neural artificial composta por somente uma camada. Essa rede já apresentava conexões recorrentes.

Poucos anos depois, em 1986, o pesquisador Michael I. Jordan apresentou uma arquitetura de redes neurais que empregavam aprendizagem supervisionada sobre as sequências de entrada. A solução de Jordan, apesar de ser funcional, era bem complexa, pois tinha como premissa que a conexão recorrente ocorresse por meio da camada oculta da rede, de forma que esta pudesse acessar sua saída anterior. Com isso, a rede neural sempre consideraria as respostas anteriores no momento de apresentar a nova resposta.

Então, em 1990, Jeffrey L. Elman (1948-2018) apresentou uma arquitetura mais simples do que a de Jordan. Em sua solução, Elman utilizou conexões da camada oculta de forma que elas fizessem a realimentação para uma unidade de contexto, sendo esta uma camada com neurônios artificiais adicionais.

Após esse evento, outras soluções foram sendo apresentadas, tendo como base as propostas de Jordan e Elman. Em trabalhos subsequentes publicados em 1994 por Yoshua Bengio (1964-), Patrice Simard (1963-) e Paolo Frasconi (1963-) foi identificado que as redes neurais recorrentes apresentavam dificuldades práticas no seu treinamento, principalmente quando os intervalos temporais existentes nas sequências de entrada consideravam um grande intervalo.

No seu estudo, Bengio tratou a recorrência de forma que ela ocorresse por meio de neurônios existentes na mesma camada oculta, identificando um problema chamado de Dissipação de Gradiente (*Vanishing Gradient*), em que era preciso tratar o Gradiente Descendente, pois, conforme o maior intervalo existente, mais difícil se tornava obter as dependências necessárias.

Isso porque na dissipação do gradiente ocorre diminuição, ou seja, a diferença existente entre os valores para serem utilizados na atualização dos pesos a longo prazo cai muito, até chegar a 0, impossibilitando fazer com que a rede neural consiga aprender com os dados temporais mais distantes.

Em 1992, o cientista da computação suíço Jürgen Schmidhuber (1963-) identificou o problema da explosão do gradiente (*exploding gradient*), que ocorria durante a etapa do treino na execução do algoritmo de retropropagação do erro em uma rede neural profunda, ou seja, com múltiplas camadas.

Schmidhuber concluiu que era preciso uma nova abordagem para substituir o Gradiente Descendente na rede neural e, assim, três anos depois, foi apresentada a –LSTM, proposta por Schmidhuber em conjunto com o pesquisador alemão Sepp Hochreiter (1967-).

Essa nova solução apresentava uma resposta para a questão da explosão do gradiente quando a rede tentava tratar informações de longo prazo, sendo mais estáveis e conseguindo trabalhar melhor com as dependências de longo prazo. Assim, também atuando no problema do desaparecimento, pois com essa arquitetura inovadora, que permite armazenar dados muito longos, era possível fazer com que a rede aprendesse com eles.

Ao longo do final da década de 1990 e início do século XXI, novas propostas foram sendo pesquisadas e publicadas, porém somente em 2014 é que Kyunghyun Cho apresentou uma melhoria considerável quanto ao tratamento das redes neurais recorrentes: as Redes Neurais Recorrentes Gated (*Gated Recurrent Unit* – GRU).

Cho fez pós-doutorado sob a supervisão do Professor Yoshua Bengio, e sua proposta do GRU era mais eficiente do que a arquitetura da LSTM, por apresentar menos parâmetros, ser mais fácil de treinar e exigir menor poder computacional para ser executada. Também diferia da LSTM quanto ao modo como tratava as unidades recorrentes, ou células, de memória, as quais são necessárias porque mantêm uma memória interna do processamento da rede neural.

11.3 Redes Neurais Recorrentes

As Redes Neurais Recorrentes são uma divisão das Redes Neurais Profundas, que tratam de dados de entrada sequenciais e temporais, podendo abordar informações atuais em conjunto com dados passados.

A rede recorrente consegue se assemelhar ao modo como o ser humano compõe seu pensamento e seu raciocínio, pois considera informações anteriores para emitir seu parecer.

Vemos a arquitetura da rede neural recorrente na Figura 11.1.

Figura 11.1 – Rede neural recorrente

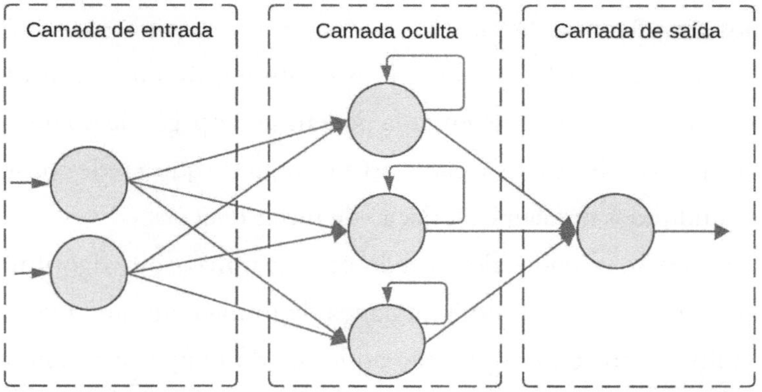

Fonte: Elaborada pelo autor, 2025.

Podemos exemplificar, com a análise de uma frase, como a rede neural recorda a sequência de entrada, então não fará uma interpretação pontual de cada palavra inserida, mas sim irá considerar o contexto como um todo, pois lembrará e assim poderá utilizar todas as palavras que compõem a frase.

O mesmo ocorre com análises de séries temporais, dados históricos. Como a rede neural vai recebendo e tratando as entradas e lembrando dos dados muito antigos, ela conseguirá processar todas as informações com melhor qualidade e precisão, pois um dado presente não é influenciado somente por informações próximas, mas muitas vezes refletem as ocorrências passadas.

Podemos exemplificar com análises da variação cambial: mesmo que o dólar aumente 5% em um dia, essa variação pode ter sido prevista mediante a tendência dos valores, a qual já indicava um aumento no decorrer dos dias.

Para conseguir trabalhar com esses dados dessa forma, a arquitetura das redes recorrentes apresenta três camadas: a camada de entrada, a camada oculta e a camada de saída, nas quais todos os neurônios artificiais podem se conectar de maneira livre na rede, ou seja, podemos encontrar neurônios existentes em uma camada oculta que estão conectados tanto com os da camada posterior quanto da camada anterior, inclusive podendo encontrar neurônios conectados entre si.

Por meio dessas ligações entre os neurônios, temos a construção de uma rede na qual os dados de entrada podem se propagar de maneira repetida por diversos caminhos. Essa característica permite que a rede consiga gerar novos aprendizados mediante a criação de novas relações.

Para que o aprendizado da rede ocorra, utiliza-se o algoritmo de retropropagação, porém com uma mudança de forma com que seja estendido para trabalhar com retropropagação ao longo do tempo. Essa alteração no procedimento faz com que sejam criadas cópias sequenciais da rede neural, nas quais é aplicada a retropropagação.

Essa consideração da entrada nova com a entrada mais antiga faz com que os resultados apresentados pela rede recorrente sejam muito mais evoluídos com relação às soluções anteriores. Vemos o funcionamento dessa rede com a incidência dos valores na Figura 11.2.

Figura 11.2 – Funcionamento da rede neural recorrente

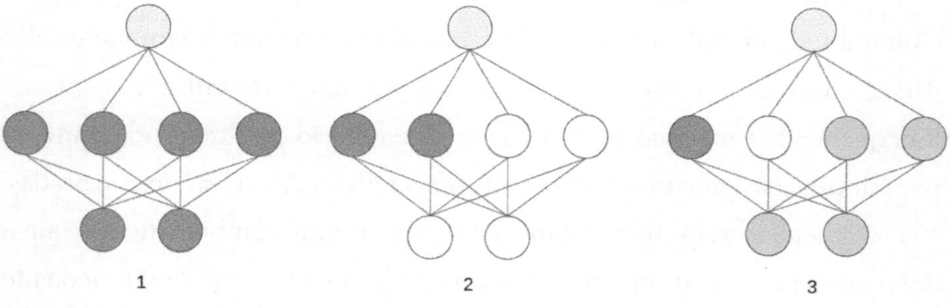

Fonte: Elaborada pelo autor, 2025.

Nas redes neurais recorrentes, conforme forem sendo inseridos os dados de entrada, eles serão mantidos ativos dentro da rede, gerando, assim, novas combinações de informação conforme novas variáveis forem recebidas. Conforme os processamentos chegarem na camada de saída, temos a execução do algoritmo de retropropagação, no qual os dados são propagados para a frente na rede e então os ajustes dos erros são calculados, os pesos ajustados e retropropagados.

Em seu processamento a rede tratará com menor peso os dados mais antigos em comparação com a importância dos dados mais novos, assim, em análises de séries históricas muito longas todas as informações poderão ser consideradas na resolução do problema, porém, quanto mais distante o período da informação menor será o seu peso na resposta.

Apesar de a teoria parecer bem elaborada, problemas começaram a surgir no treinamento das redes neurais recorrentes, sendo que os dois principais e mais impactantes são o problema da explosão do gradiente (*exploding gradient*) e o problema do gradiente dissipando (*vanishing gradient*).

O gradiente a que se referem esses dois problemas indica o quanto a saída de uma função é impactada conforme alterações nos valores de entrada. A seguir, veremos como essa alteração nos valores de entrada deturpa o comportamento esperado da rede neural.

11.3.1 Explosão do Gradiente

A explosão do gradiente ocorre em virtude da execução da função de perda que está associada com o algoritmo de retropropagação. Conforme forem ocorrendo as repetições pela retropropagação, pode aumentar o valor do gradiente.

A função de perda é utilizada para identificar qual a diferença entre o resultado obtido com o resultado esperado. O gradiente de erro apresenta a direção e a quantidade de ajustes numéricos que devem ser inferidos nos pesos da rede neural com o objetivo de diminuir o valor apresentado pela função de perda.

A explosão ocorre devido à quantidade muito maior de requisições da função de perda mediante as iterações da retropropagação, resultando em um gradiente de erro que vai se acumulando em cada iteração e produzindo um valor muito alto.

Quando o gradiente alcança valores elevados anormais, os efeitos na rede neural são a produção de alterações nos pesos da rede, gerando um modelo instável.

As consequências geradas pela explosão do gradiente podem ser desde a rede impedida de realizar novos aprendizados durante o treinamento, conseguindo ser utilizada para executar as tarefas, porém não entregando o melhor resultado, até a geração de valores de gradientes tão grandes e desproporcionais que colapsam a rede neural, gerando um problema no qual os números não serão reconhecidos pelo sistema computacional.

11.3.2 Dissipação do Gradiente

A dissipação de gradiente é uma situação oposta à da explosão do gradiente, que é o mesmo cenário da função de perda sendo executada inúmeras vezes, porém o resultante será um gradiente que assume um valor muito pequeno e até mesmo irrelevante para o aprendizado da rede.

As consequências de gradientes pequenos é uma perda no treinamento da rede em utilizar as camadas iniciais, que se encontram mais afastadas da camada de saída da rede. Isso ocorre devido ao fato de que os baixos valores dos pesos anulam a atualização dessas camadas.

Como as camadas iniciais são utilizadas para reconhecer os elementos centrais dos dados de entrada, principalmente pela sua proximidade com a camada de entrada, ao removê-las do treinamento acaba gerando uma imprecisão em toda a rede neural recorrente, pois com a dissipação do gradiente perde-se informação dos dados de entrada.

11.4 Funcionamento das Redes Neurais Recorrentes

A arquitetura das redes neurais recorrentes é bem simples, sendo dividida em três camadas, nas quais a de entrada recebe os dados a serem analisados, a oculta realiza o processamento e, por fim, a de saída apresenta os resultados obtidos pela rede.

Podemos ilustrar a operacionalidade da rede recorrente considerando a existência de somente uma camada na oculta. Então temos um neurônio artificial na camada de entrada por meio da qual os valores vão sendo inseridos e propagados para a camada oculta.

A camada oculta pode direcionar a saída para si mesma, fazendo com que a rede seja amplamente conectada por essas ligações. Assim podemos ter várias iterações recorrentes antes de a rede enviar os dados para a camada de saída.

Para conseguir explorar tanto os dados mais recentes quanto os dados do passado, os neurônios da camada oculta recebem o dado de entrada e a saída resultante do processamento da rede:

- t = representa a passagem temporal do dado sendo inserido na rede neural recorrente;
- $x(t)$ = vetor com os dados de entrada no neurônio artificial;
- $y(t - 1)$ = vetor de saída resultante do processamento da rede na passagem de tempo anterior.

Na primeira iteração da rede não existe a saída do processamento, então, esta é definida como 0 (zero). Após a finalização do primeiro processamento temos o vetor de y(t – 1) preenchido.

Dessa forma, o neurônio recebe como entrada sempre os dois vetores de dados: a entrada e a saída anterior. Esses dados são tratados por pesos diferentes dentro da camada oculta, com um peso para a entrada e outro para a saída: wx e wy, respectivamente, conseguindo assim manter a relevância dos dados anteriormente vistos em situações futuras.

11.4.1 Unidade recorrente ou célula de memória

As unidades recorrentes ou células de memória são uma das partes mais importantes pertencentes a uma rede neural recorrente. Podemos dizer que essa saída armazena a memória da rede quanto ao processamento realizado ao longo do tempo. A parte da que contém essa informação é chamada de célula de memória. A célula pode representar tanto um único neurônio existente na camada oculta quanto toda a camada oculta. Podemos representar esta célula relacionada com o estado de tempo t como:

$$h(t) = \text{célula de memória}$$

Em que o h é proveniente do termo inglês *hidden*, de oculto.

O h(t) é obtido por uma função que considera a entrada de dados no momento atual com o valor obtido por h na passagem temporal anterior:

$$h\ (t) = f\ (h(t-1), x(t))$$

Dessa forma, independente de quantas vezes ocorrer a retropropagação, ela sempre irá considerar os dados de entrada mais atuais com o passado obtido pelas iterações anteriores.

Vamos ver a seguir algumas situações específicas quanto ao uso das redes neurais recorrentes.

11.4.2 Processamento sequencial de entrada e saída

Uma das propriedades das redes neurais recorrentes é conseguir analisar e processar ao mesmo tempo uma sequência de entrada gerando uma sequência de saída, permitindo que essa rede neural seja utilizada para analisar dados de séries temporais emitindo a previsão de valores futuros conforme novos dados forem sendo inseridos.

Essa técnica permite utilizar as redes recorrentes na análise de diversas informações, desde que elas possuam um padrão temporal bem definido, como, por exemplo, as variações cambiais, as alterações em ações na bolsa de valores, a taxa de crescimento de uma população, entre outros.

O principal é ter um dado com carga histórica, e o objetivo é a emissão de valores futuros, os quais servem como meio de a rede rever as informações analisadas inserindo novos registros e assim ajustando-se conforme novos registros surgem. Então a rede analisa T estados temporais passados para estimar o valor de $T + 1$.

Caso essa propriedade não fosse possível, teríamos uma rede neural treinada com valores que com o passar do tempo vão ficando desatualizados, perdendo a serventia.

Esse tratamento sequencial da entrada também pode ser utilizado como forma de analisar uma sequência de palavras, conseguindo identificar o contexto da frase e emitir um resultado mais coerente.

Também podemos empregar o uso das redes recorrentes com a análise e o processamento sequencial de uma entrada, por exemplo, ao explorar a análise de uma imagem resultante de uma rede neural convolucional, na qual se utiliza a rede neural recorrente para processar o mesmo vetor de entrada e gerar legendas para esse arquivo de entrada.

Outra possibilidade de uso da rede neural é como meio de traduzir frases. No caso, a entrada é uma sequência de palavras que fazem parte de um contexto, e a saída é um vetor contendo a tradução da entrada para outro idioma.

Nessa situação, o uso das redes recorrentes é muito útil, pois na linguística podemos ter situações em que as palavras finais de uma frase alteram todo o significado da mesma, sendo então importante esperar todo o conteúdo ser processado para apresentar a melhor resposta.

11.4.3 Processamento de séries temporais para previsão de valores

Uma série temporal pode ser composta por um ou diversos valores associados. Por exemplo, na análise da temperatura de uma localidade o único valor a ser estudado pode ser a temperatura propriamente dita.

Já quando se deseja estudar a variação de uma ação na bolsa de valores, vários elementos podem ser utilizados para compor um valor de estudo, por exemplo, a quantidade de ações negociáveis, a cotação do dólar, o valor de abertura e de fechamento da ação em um dia. Nesse sentido, temos diversas métricas associadas com o estudo, e assim teremos uma série temporal multivariada.

Quanto maior a quantidade de variáveis incidentes na série temporal, mais complexos são o seu processamento e sua estimativa de valor futuro, isso porque o percentual de quanto cada variável influencia no valor final é um fato muito complexo para ser identificado.

Outro fato complicador é identificar qual deve ser a janela temporal do estudo, ou seja, qual deve ser o período a ser considerado na realização de uma análise. Por exemplo, três meses, seis meses, uma semana?

São muitos pontos a serem considerados quando empregamos as redes neurais para explorar uma série histórica. Além disso, a forma como as variáveis são tratadas, os pesos adotados, a precisão entre o valor previsto e o valor real, além da variável aleatória que pode ocorrer, a qual também é chamada de ruído.

As redes neurais recorrentes permitem explorar mais facilmente uma série temporal, porém os parâmetros de entrada são muito amplos, tornando a tarefa mais exigente do usuário a fim de obter valores condizentes com a realidade.

11.5 Processamento de Linguagem Natural

O Processamento de Linguagem Natural (*Natural Language Processing* – NLP) é uma das tarefas que são implementadas mediante o uso das redes neurais recorrentes. Esse tipo de processamento pode ser utilizado em tarefas como análise de textos, traduções automáticas, geração de texto, além de interação com usuários (resposta a perguntas).

A finalidade da rede neural é extrair informações de textos livres que se encontrem registradas em alguma linguagem natural. A distinção entre linguagem natural e artificial é que a primeira se refere à língua natural desenvolvida pelo ser humano para conseguir se comunicar com outros da mesma comunidade, como exemplo, o português, o inglês ou o espanhol.

Já a artificial se refere a uma linguagem construída com objetivos tecnológicos ou ficcionais, podendo ser representada por linguagens de programação como Python ou Java ou por fictícias, como as utilizadas em livros ou filmes.

A finalidade do processamento da linguagem natural é – ao utilizar as regras e os conceitos linguísticos como verbo, substantivo, adjetivo, preposição entre outros associados com as estruturas gramaticais utilizadas para a composição de frases – conseguir interpretar o que está sendo dito, ou seja, propiciar a máquina com capacidade de compreensão da fala humana.

Um exemplo do processamento de uma frase é visto na Figura 11.3.

Figura 11.3 – Exemplo de processamento de linguagem natural

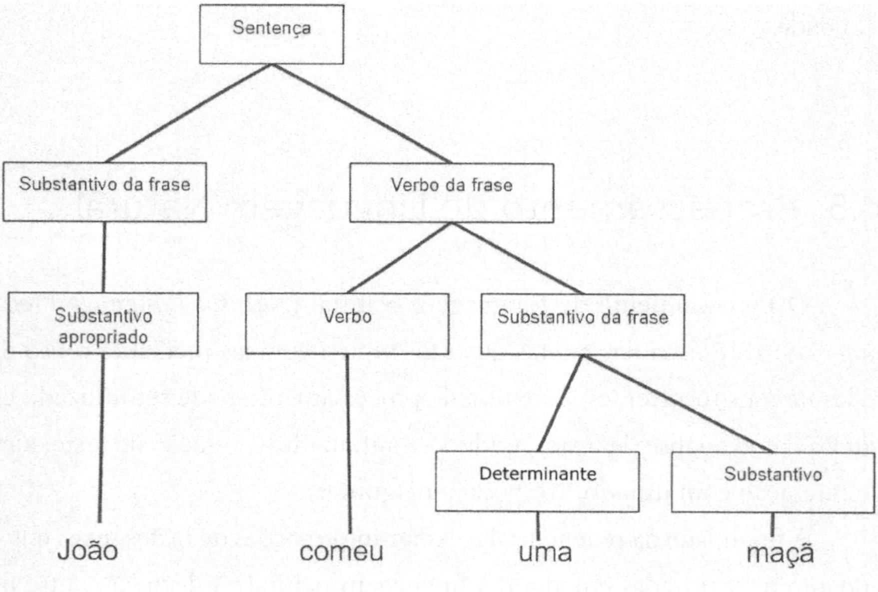

Fonte: Elaborada pelo autor, 2025.

Os problemas existentes para que ocorra uma perfeita interpretação dos textos é que a fala humana não é estritamente formal, ela utiliza muitos termos e expressões informais, como gírias ou abreviações, além de ser temporal. A língua natural evolui com o tempo, adicionando ou subtraindo regras e termos com o passar dos anos.

No tratamento pelas redes neurais, um texto pode ser considerado como uma sequência de caracteres, os quais vão sendo analisados conforme inseridos como entrada na rede. O armazenamento de toda a sequência é importante, pois é preciso analisar toda a estrutura hierárquica da linguagem; assim, identificando quais elementos realizaram determinada ação. Por exemplo:

O gato subiu na mesa.

É preciso identificar o sujeito, o qual pode se encontrar no início da frase, assim a rede deve armazenar toda a sequência de entrada de forma a conseguir compor a interpretação correta de quem está na mesa. Caso contrário, ao chegar no último termo, não conseguiria fazer a correlação com a ação de subir e de quem subiu à mesa.

No entanto, quando inserimos frases cujo significado não é tão óbvio, como, por exemplo, "o cachorro do meu marido correu atrás de uma gata", a rede neural pode se perder, pois o significado do texto não é claro, mesmo para os seres humanos. No caso, tendo mais de uma possibilidade de significado. Por exemplo, o cachorro pode se referir tanto ao animal quanto ser um adjetivo para tratar o marido. Essa ambiguidade da linguagem natural é considerada um problema difícil para as máquinas.

Como é preciso que a rede neural conheça toda a sequência de entrada para apresentar a melhor resposta, a solução mais empregada é o uso da LSTM, pois ela permite memorizar a entrada inicial e utilizá-la conforme nova sequência de caracteres for sendo inserida e interpretada.

11.6 LSTM

A LSTM foi elaborada por Hochreiter e Schmidhuber tendo como objetivo solucionar o problema de redes recorrentes quando tratavam sequências longas como entrada. A finalidade principal de uma LSTM é a classificação e a previsão de dados provenientes de séries temporais.

A arquitetura da LSTM difere das redes neurais recorrentes convencionais por conter blocos de memória que se encontram conectados de forma recorrente. Os blocos de memória são compostos por células que conseguem armazenar o estado temporal da rede neural. Outro diferencial é a existência de unidades especiais que controlam o fluxo de informações, denominadas portas (*gates*).

A Figura 11.4 mostra o comparativo entre a rede neural recorrente e a rede LSTM.

Figura 11.4 – Comparativo entre as redes neurais recorrentes e a LSTM

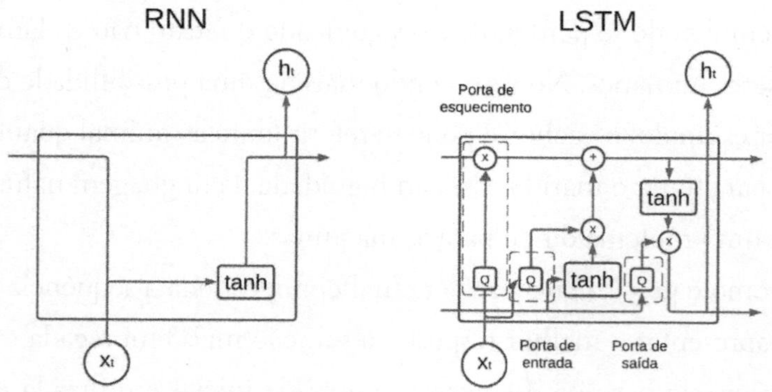

Fonte: Elaborada pelo autor, 2025.

Um bloco de memória contém uma ou mais células de memória que somente podem interagir entre si mediante o acesso por uma das três portas existentes nesse tipo de rede:

- Porta de entrada;
- Porta de esquecimento;
- Porta de saída.

Cada uma dessas portas possui uma função específica, além de conseguirem ler, escrever e redefinir as operações existentes dentro do bloco de memória. Consideram-se valores como 0 (zero) para porta fechada e 1 (um) para aberta. O funcionamento da rede LSTM internamente é visto na Figura 11.5, na qual vemos em detalhes como ocorre a interação entre os dados novos com as informações inseridas inicialmente.

Figura 11.5 – Detalhamento do LSTM

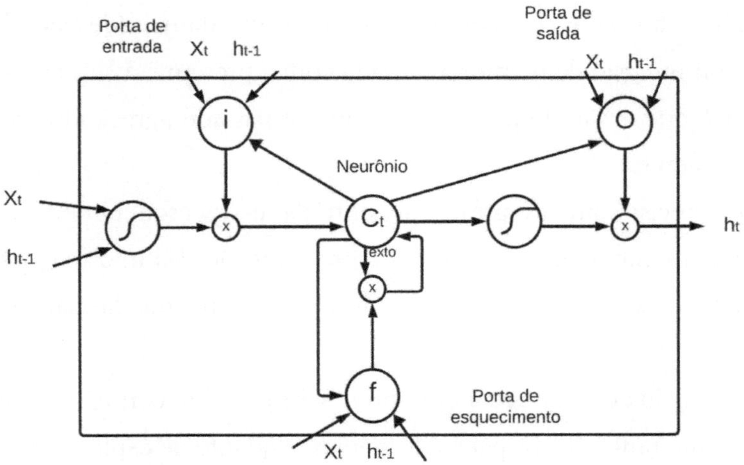

Fonte: Elaborada pelo autor, 2025.

A porta de entrada apresenta o quanto de aproveitamento deve ocorrer considerando o novo estado obtido, limitando a influência de situações indesejadas na rede neural. Essa porta é composta por uma camada sigmoide e uma camada de tangente hiperbólica, as quais são acrescidas no estado da célula.

A finalidade da porta de esquecimento é definir quais ativações do estado anterior poderão ser aproveitadas na memória. Se forem identificados pontos de interesse para a rede, então a porta será aberta e as informações existentes serão direcionadas para os próximos intervalos de tempo; contudo, caso as informações sejam irrelevantes para o problema, ocorrerá uma ação de esquecimento da memória anterior, por meio da redefinição do conteúdo de sua célula. A saída dessa porta é inserida no estado da célula mediante uma operação de multiplicação elemento a elemento.

O objetivo da porta de saída é indicar se o estado interno deve ser visível para os demais elementos da rede. Ela é composta por uma multiplicação que ocorre elemento a elemento entre a porta de saída e a tangente hiperbólica.

Dessa forma, o conceito de memória utilizada na rede neural LSTM é uma combinação da memória passada com a presente, assim conseguindo absorver o que existe de mais importante no passado agregando com informações recentes.

É preciso que as portas de entrada e de esquecimento estejam simultaneamente abertas para que ocorra a junção das informações, sendo que a porta de saída irá controlar as informações direcionadas para a camada de saída.

Por meio do uso dessa arquitetura, Schmidhuber conseguiu solucionar os problemas tanto de dissipação de gradiente quanto de explosão do mesmo, pois ele determinou como preservar o gradiente sem que este seja impactado a cada iteração da rede.

Em 2005, Schmidhuber, em parceria com Alex Graves (1976-), apresentou uma extensão do LSTM, sendo chamada de *Bidirecional* LSTM

(BLSTM). Essa extensão permitia que a rede neural pudesse utilizar tanto recursos de entrada do passado quanto do futuro durante um determinado período, melhorando as tarefas de modelagem sequencial.

O BLSTM apresentava uma arquitetura diferenciada, composta por duas camadas ocultas distintas e separadas. Cada uma delas tinha uma função específica: a de realizar a tarefa de propagação dos dados para a frente, e a de propagar para trás, e o resultado é direcionado para a mesma camada de saída.

11.6.1 Funcionamento da LSTM

A principal diferença no funcionamento das redes neurais recorrentes em relação à LSTM é a respeito do uso das portas, permitindo resolver os dois problemas existentes quanto ao gradiente.

Dessa forma, para compreender como é o funcionamento da LSTM, é preciso entender como as portas interagem entre si e com as informações de entrada, tanto antigas quanto recentes.

O funcionamento inicia verificando se a informação resultante da camada oculta associada com o dado de entrada deve ser considerada ou não no processamento, caso seja relevante, deve ir para a célula de memória.

Essa ação é feita por meio da função de ativação sigmoide, que recebe o resultado da camada oculta e retorna um número entre 0 (zero) e 1 (um), sendo que 0 significa que a informação não tem serventia para o problema, e 1 significa que ela deve ser utilizada. Essa ação da função de ativação ocorre na porta de esquecimento, atuando com a definição do que deve ser memorizado ou não.

Em seguida, considerando que o resultado deve ser memorizado e utilizado, é preciso identificar qual será o novo estado da célula de memória. Essa ação pode ser dividida em três etapas e são consideradas as mesmas informações que foram passadas pela porta do esquecimento: o resultado da camada oculta, que é tratado como o estado oculto, e o dado de entrada.

Etapa 1: com o objetivo de criar uma nova memória, é executada uma função hiperbólica da tangente (tanh) com os dados de entrada. Como o resultante dessa função é uma saída entre -1 e 1, utiliza-se esse valor para determinar o quão importante é a nova informação ao ser armazenada.

Etapa 2: a porta de entrada utiliza o estado oculto atual para aplicar uma função sigmoide para identificar quais partes do dado de entrada devem ser memorizadas.

Etapa 3: nessa etapa ocorre a geração da nova memória da LSTM por meio da combinação dos resultados obtidos nas duas etapas anteriores, gerando um novo estado da célula de memória.

Com a finalização das três etapas, temos então a atualização do estado oculto com o valor obtido pela aplicação da função de tanh no estado da célula de memória associado à execução de uma função de sigmoide no dado de entrada em conjunto com o estado oculto atual.

11.7 GRU

As GRU foram apresentadas em 2014 por Cho, sendo uma simplificação das redes LSTM por utilizarem somente duas portas: uma porta de atualização e outra porta de redefinição.

Assim como a LSTM, a GRU solucionou os problemas de gradiente, e, além de ter uma arquitetura que contém somente duas portas, também possui menos parâmetros, resultando em uma rede que apresenta um tempo de treinamento muito mais rápido em comparação com outras arquiteturas existentes.

Contudo, em situações em que o volume de dados de entrada é muito grande, a LSTM ainda prevalece como a melhor solução a ser adotada. Na Figura 11.6, temos o comparativo entre a proposta da LSTM com a solução da GRU. Esta última é mais simples em sua compreensão e funcionamento.

Figura 11.6 – Comparando LSTM com GRU

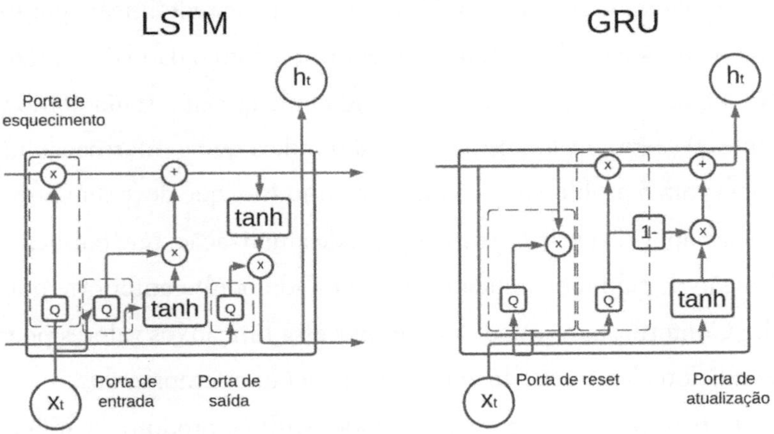

Fonte: Elaborada pelo autor, 2025.

Assim como a LSTM, a GRU emprega as funções de sigmoide e de tangente de hipérbole para conseguir identificar quais dados devem ou não ser memorizados.

A rede Gated não apresenta um estado da célula de memória, passando as suas funcionalidades para o estado oculto, o qual utiliza o estado oculto anterior e o dado de entrada.

A porta de atualização foi elaborada de forma a combinar as funcionalidades da porta de esquecimento e da porta de entrada da LSTM, tendo como objetivo identificar se o resultado apresentado pela camada oculta anterior deve ou não ser memorizado no novo estado oculto.

Já a porta de redefinição serve como uma forma de filtrar os dados que não têm importância para a resolução do problema naquele estágio do processamento.

11.7.1 Funcionamento das GRU

O funcionamento das GRU inicia na porta de redefinição, por meio do processo do estado oculto anterior em conjunto com o dado de entrada. Esse processamento é feito por uma função sigmoide que apresenta como valores resultantes 0 (zero) ou 1 (um), em que o 0 indica que a informação não tem relevância para o problema e o 1 indica o contrário, que deve ser aproveitada.

Logo após essa porta, temos a porta de atualização, que também utiliza uma função de sigmoide aplicada com o estado oculto anterior e o dado de entrada. Conforme o resultado obtido por essa função, os valores podem ou não ser adicionados ao estado oculto, assim sendo memorizados.

Também pode ser somado ao estado oculto o produto da aplicação da função de tangente da hiperbólica nos dados iniciais; essa soma depende do valor resultante da função, a qual vai indicar a importância ou não dos valores para o processamento.

11.8 Conclusões

As redes neurais recorrentes são uma evolução que aproximou a capacidade da rede neural de executar tarefas similarmente à forma como um ser humano as faria.

A adição da memória nesse tipo de rede fez com que novas tarefas pudessem ser realizadas e que a tecnologia pudesse ser empregada para analisar eventos e com isso prever valores futuros.

Cada vez mais as máquinas se assemelham à forma como pensamos e, nesse contexto, elas estão superando o ser humano em muitas tarefas, como na ação de traduzir ou de interpretar textos ou falas, conseguindo absorver e compreender praticamente todas as línguas naturais existentes.

Muito se tem visto do uso dessa rede em assistentes virtuais, sendo um dos mais conhecidos o ChatGPT, uma evolução na forma como a máquina consegue identificar e interpretar o que está sendo pedido e assim apresentar a melhor resposta.

A massificação dos usos de redes neurais recorrentes é muito associada com a inteligência artificial, pois o fato de reconhecer o que está sendo falado ou escrito, de prever e estimar informações futuras, de conseguir prover informações para tomadas de decisão são fatores que fazem do uso das redes elementos de auxílio complementar e até mesmo para indicar as decisões finais.

Cada vez mais novas soluções são propostas para o uso dessas redes. Dessa forma, tarefas até então tidas exclusivamente por seres humanos vão sendo substituídas pelos computadores.

Capítulo 12

Aplicações de Redes Neurais

12.1 Introdução

Séculos atrás, Pascal projetou a Pascalina e deixou bem evidente o interesse que a humanidade tinha na época em desenvolver um mecanismo que pudesse raciocinar como ele e assim auxiliá-lo em tarefas mentais.

Apesar da dependência de tecnologia que pudesse fomentar tal inspiração, muitas ideias foram sendo propostas no decorrer dos anos, até chegarmos na metade do século XX, quando a computação ganhou um impulso muito grande.

A proposta inicial de desenvolver neurônios artificiais e depois conectá-los entre si foi uma assertiva quanto ao modo como poderíamos representar o cérebro humano em um computador, mas, para chegar nesse estágio de conhecimento, foi preciso conhecer com profundidade como era o funcionamento biológico.

Ultrapassadas as fronteiras da implementação das redes neurais artificiais, com as redes profundas, as redes convolucionais e as redes recorrentes, dentre elas a LSTM, muito ainda está sendo criado e está surgindo, como análises biométricas, inteligência artificial generativa, tradutores simultâneos de diversas línguas.

Neste capítulo final, serão abordadas as principais aplicabilidades das redes neurais artificiais. Algumas das soluções já foram mencionadas anteriormente, porém serão ressaltadas possibilidades mais amplas de uso.

12.2 Aplicações de redes neurais artificiais

As redes neurais artificiais podem ser utilizadas tanto no campo da visão computacional quanto como meio para analisar dados disponibilizados na forma de sequências. A finalidade da rede é identificar padrões existentes e auxiliar em tomadas de decisão por seres humanos.

Na sequência, listamos as tarefas que podem ser realizadas com o uso das redes neurais.

12.2.1 Reconhecimento de Imagem

Uma das aplicações mais revolucionárias das redes neurais artificiais é no segmento da visão computacional, em que elas conseguem identificar objetos, detalhes e até ser empregadas em inteligência artificial generativa.

As redes neurais convolucionais conseguem receber como entrada desde imagens estáticas até vídeos, e assim realizar um processamento computacional, resultando em uma precisão muito grande. Para isso, as redes convolucionais utilizam várias camadas ocultas que conseguem extrair as características de uma imagem. Conforme o dado de entrada vai sendo propagado, detalhes são identificados, ocorrendo a identificação de objetos.

O uso das redes neurais convolucionais para analisar imagens muitas vezes supera a capacidade humana de realizar a mesma tarefa, pois devido ao potencial computacional, a máquina consegue realizar uma varredura em arquivos muito grandes, procurando objetos inseridos nesse registro.

Podemos exemplificar essa situação com algoritmos de detecção facial, os quais são programados para localizar um indivíduo em um aeroporto, em um estádio de futebol ou até mesmo em uma determinada rua. O computador vai realizar a tarefa fazendo uma varredura em todo o registro, conseguindo processar todos os rostos localizados no arquivo. Algo que um ser humano iria gastar muito tempo para fazer, a máquina consegue fazer com rapidez e exatidão.

Como as máquinas dispõem de câmeras de alta definição, conseguem observar detalhes que muitas vezes não são percebidos pelo olho humano, podendo também ser empregadas na indústria, realizando a verificação de qualidade nos produtos produzidos.

Outra possibilidade de uso é nos jogos eletrônicos e na computação gráfica, apresentando evolução na qualidade dos produtos digitais principalmente por conseguir produzir cenários muito realistas, utilizando para isso imagens reais.

O reconhecimento de imagem é aplicado por meio de melhorias na relação interface humano-computador, em que a verificação de gestos é identificada como comando. Por exemplo, erguer uma mão ou sorrir para que um *smartphone* faça um registro fotográfico.

Outro uso das redes convolucionais é quanto ao uso do reconhecimento facial para fins de segurança. Atualmente muitos dos sistemas de segurança utilizam sistemas de vigilância por vídeo, assim sendo possível utilizar a rede neural para monitorar e analisar a rede de câmeras. Essa finalidade de segurança pode ser incorporada em serviços como sistemas de controle de acesso, segurança de fronteira e monitoramentos em geral. Auxiliando na agilidade e na assertividade na identificação de pessoas ou casos suspeitos.

Apesar da grande evolução no uso das redes neurais para o reconhecimento de imagens, ainda é preciso uma intervenção humana de forma a garantir a sua exata execução. Essa empregabilidade das redes está evoluindo muito em conjunto com as melhorias tecnológicas que permitem melhor qualidade de captura de imagem, velocidade de processamento e agilidade na identificação de objetos, e assim auxiliar na tomada de decisão.

Um dos usos do reconhecimento de imagem é no setor da saúde, principalmente na área médica por meio do uso das redes neurais para auxiliar na elaboração de diagnósticos mediante a identificação de anomalias em registros visuais médicos. Muitas clínicas e hospitais têm utilizado o Diagnóstico Auxiliado por Computador (*Computer-Aided Diagnosis* – CAD) como forma complementar para identificar causas de enfermidades. Também como meio de oferecer um acompanhamento da progressão de uma doença, por exemplo, o Alzheimer e a esclerose múltipla.

Devido aos ótimos resultados com o uso experimental em pesquisas de detecção de imagens, muitos estudos têm sido elaborados de forma a ampliar o uso das redes neurais no auxílio médico. Ainda existem muitos desafios, principalmente porque doenças não seguem um padrão muito bem definido, apesar de terem as mesmas características e sintomas, o registro visual de um tumor cancerígeno, por exemplo, é bem distinto de indivíduo para indivíduo, gerando possibilidades de a rede emitir falsos positivos na detecção da doença.

A medicina já adotou muitos meios de registro de imagens dos pacientes, como máquinas de raio-x, ultrassom, tomografias computadorizadas e ressonância magnética. Aos poucos o uso das imagens está sendo incorporado em cada um deles como via de permitir que o tratamento médico seja mais eficientemente iniciado e direcionado para a causa correta do problema.

Podemos exemplificar a aplicabilidade nesse segmento com o uso no diagnóstico de doenças oculares, como a retinopatia diabética. Os dados e as imagens são utilizados para emitir um parecer mais preciso. Outro exemplo é a identificação de irregularidades cardíacas mediante o uso de dados de imagens médicas, como exames de ressonância magnética dos ventrículos cardíacos. Os resultados apresentam uma exatidão muito boa, como esperado.

O uso de redes neurais convolucionais para analisar imagens médicas apresenta descobertas e possibilidades de auxílio em tomadas de decisão, conforme os resultados obtidos. É preciso treinar bem a rede para evitar diagnósticos incorretos que indicam a existência ou não de alguma enfermidade, causando prejuízos aos seres humanos.

A visão computacional evoluiu muito devido às redes neurais, e com ela a aceitação e incorporação dessa tecnologia pelas pessoas, melhorando as abordagens de aprendizado profundo de última geração.

12.2.2 Processamento da Linguagem Natural

O uso das redes neurais recorrentes teve grandes avanços principalmente devido ao grande volume de dados extraídos, possibilitando que a rede consiga treinar e aprender.

Quanto mais a tecnologia evolui, mais ela se assemelha às ações humanas, podendo substituir o ser humano em atividades antes consideradas muito complexas. Um dos principais exemplos dessa situação é quanto ao uso das redes recorrentes no processamento da linguagem natural.

A capacidade das máquinas de interpretar o que está sendo dito é um dos pontos de maior destaque no emprego das redes neurais artificiais, pois demonstra uma compreensão das formas como o ser humano se expressa, tanto mediante texto escrito quanto falado.

Considerando novos avanços, como a inteligência artificial generativa, a expansão dos usos do processamento da linguagem natural alcançou um novo patamar quanto à usabilidade e ao emprego da tecnologia.

A facilidade que a máquina demonstra ao interpretar e gerar um novo conteúdo é dignamente impressionante, pois demonstra uma compreensão do que efetivamente estamos dizendo e querendo. Essa ação de passar um comando para uma máquina e esta executa-lo é muito explorado nos assistentes virtuais, que são dispositivos controlados por voz e encontrados em *smartphones* e outros dispositivos eletrônicos com o objetivo de ajudar na execução de tarefas.

Mediante a exploração dos dados linguísticos, muitas formas de uso foram surgindo, como sistemas de tradução de idiomas, análise de sentimentos, formulação de respostas a partir da compreensão das perguntas formuladas.

É importante enfatizar que todo aprendizado e resultado provenientes desse uso das redes neurais recorrentes são à base de treinamento e como a máquina consegue compreender o contexto do que está sendo solicitado. No entanto, deve-se saber que em muitos casos a compreensão é literal, ou seja, na indicação do que o verbo se encontra discriminado a fazer.

Com isso, erros ainda existentes quanto a solicitar uma ação para que um dispositivo consiga interpretar podem ocasionar erros pela máquina por considerar o significado restrito da palavra e não a sua gama de possibilidades de significação.

O processamento de linguagem natural evoluiu muito nas últimas décadas. Contudo, ainda não é uma tecnologia consolidada, são necessários muitos estudos e melhorias de forma que a máquina consiga entregar resultados com uma melhor precisão.

12.2.3 Detecção de fraudes e segurança

Uma das possibilidades de uso das redes neurais é quanto à detecção de fraudes financeiras. Esse uso ilustra o potencial das RNAs para aprender os padrões existentes em grandes conjuntos de dados.

Para isso, essas redes são treinadas tendo como base dados históricos que contenham conhecimento de todas as transações financeiras realizadas, inclusive informações que apresentem o comportamento do usuário, como áreas de interesses de compras, períodos de férias, relações sociais entre outros. Por meio desse aprendizado, as redes neurais vão identificando novos casos de fraudes e melhorando a sua acurácia, assim, é uma rede em constante evolução e aprimoramento.

Outro segmento em que a análise dos padrões tem sido muito explorada é no ramo da segurança cibernética, em que a extração de dados mais assertivos permite que algoritmos identifiquem intrusos ou funcionamentos anormais na rede, ampliando a proteção e a segurança dos dados e de sistemas.

Um dos motivos para isso é que as redes neurais conseguem identificar e analisar as menores variações que venham a ocorrer, alterando o conceito de detecção reativa para detecção proativa, ou seja, impedindo que determinados ataques sejam perpetrados com êxito. As redes neurais processam automaticamente informações históricas e conjuntos de dados contendo padrões de comportamento malicioso, sendo assim mais capazes de identificar e mitigar ameaças cibernéticas em tempo real.

12.2.4 Reconhecimento de padrões

O uso das redes neurais recorrentes é muito amplo devido a sua característica de conseguir analisar grandes volumes de dados identificando padrões neles e com isso conseguindo atuar de forma a prever valores futuros ou realizar projeções e simulações.

Um dos setores que mais têm explorado as redes neurais é o da astronomia, principalmente com a finalidade de fazer simulações por meio do processamento dos dados obtidos por satélites e sondas espaciais. Com essas soluções, os pesquisadores conseguem identificar padrões existentes nos fenômenos cósmicos, como buracos negros ou rotas de cometas, além de descobrir novas estrelas e planetas.

Podemos também utilizar as redes para analisar dados históricos associados a ações e outras formas de investimento financeiro. Assim, conseguindo auxiliar em tomadas de decisão sobre a compra ou venda de ativos mediante a previsão de valores futuros. Quanto mais exata a estimativa, melhor o aprendizado da rede e, assim, mais indicado o seu uso.

O segmento financeiro é um dos ramos que efetivamente mais consomem as redes neurais, principalmente por conter um histórico de valores bem consolidado, além de apresentar um interesse em escala global muito forte.

Outra situação em que a detecção de padrões é muito importante é no setor da saúde, em que os prontuários eletrônicos contêm uma vasta fonte de dados, conteúdo, histórico médico, informações de alergia, resultados de testes, exames laboratoriais e diagnósticos, imagens de radiologia, medicamentos, além das propostas de tratamento e diagnósticos.

Apesar dos avanços do uso das redes neurais recorrentes no segmento da saúde, muito ainda precisa ser aprimorado para se obter melhores resultados. Principalmente devido à falta de bancos de dados que possam ser utilizados como meio de treinamento das redes.

Além disso, para novas doenças e infecções detectadas, a quantidade de informação ainda é baixa, resultando em um baixo grau de aprendizado e então no uso das redes neurais. Outro fator complicador é a qualidade dessas informações. Muitas vezes são encontrados conjuntos de dados com inconsistências e baixa qualidade, inviabilizando o seu uso.

A importância dos dados está sendo enfatizada no estágio, principalmente, porque agora existem ferramentas que usam esses dados. Porém, mesmo com esse conhecimento, até que todos os locais de origem da informação sejam adequados e atualizados, ainda falta muito.

12.3 Conclusões

As aplicações das redes neurais artificiais são ilimitadas, principalmente porque, associado ao uso das redes, estamos vivendo uma era dos dados, onde todas as informações se encontram digitalizadas, permitindo o seu uso como forma de aprendizado e treino das redes neurais.

Apesar de os resultados atuais já serem muitos promissores, ainda temos muito a evoluir, a expandir o seu uso e auxiliar nas tarefas humanas.

Aqui foram mencionados alguns dos principais feitos que podem ser realizados com o uso das máquinas, porém muitas outras soluções já existem e aos poucos vão impactando a vida das pessoas.

Desde a seleção de filmes para assistir até qual comida escolher em aplicativos, o uso das redes neurais para estudar os nossos padrões já se encontra consolidado e massificado, com um uso democrático de que todos podem usufruir, seja dos resultados seja das tecnologias.

Podemos categorizar as redes neurais artificiais como uma das maiores criações do século XX e que, graças ao desenvolvimento tecnológico ocorrido no início do século XXI, se tornou uma das maiores criações atuais.

A combinação assertiva proposta inicialmente entre a computação e a neurociência está mudando o mundo de tal forma que é irremediável pensar em um mundo atual que não usufrua dessa inovação.

A questão não é mais se devemos ou não utilizar as redes neurais e sua inteligência artificial, mas sim como devemos aplicá-las.

Referências

ALBON, C. **Machine Learning with Python Cookbook:** Practical solutions from preprocessing to deep learning. Sebastopol: O'Reilly Media, 2018.

ANIEMEKA, I. **A Friendly Introduction to Convolutional Neural Networks**. Hashrocket blog, 22 ago. 2017.

ARENDT, J.; AULINAS, A. Physiology of the Pineal Gland and Melatonin. *In*: FEINGOLD, K. R. *et al*. **Endotext**. Massachusetts: MDText.com, 2019.

ARNAB, A. *et al*. Conditional Random Fields Meet Deep Neural Networks for Semantic Segmentation: Combining Probabilistic Graphical Models with Deep Learning for Structured Prediction. **IEEE Signal Processing Magazine**, v. 35. n. 1 p. 37-52, jan. 2018.

ARTASANCHEZ, A.; JOSHI, P. **Artificial Intelligence with Python:** your complete guide to building intelligent apps using Python 3.x and Tensorflow 2. 2. ed. Birmingham: Packt Publishing, 2020.

BADRINARAYANAN, V.; KENDALL, A.; CIPOLLA, R. SegNet: A Deep Convolutional Encoder-Decoder Architecture for Image Segmentation. **IEEE Transactions on Pattern Analysis and Machine Intelligence**, v. 39, p. 2481-2495, 2017.

BEALE, R.; JACKSON, T. **Neural Computing**: An Introduction. Adam Hilger: Bristol, 1990.

BEAR, M. F.; CONNORS, B. W.; PARADISO, M. A. **Neuroscience:** exploring the brain. 3. ed. Philadelphia: Lippincott Williams & Wilkins, 2007.

BIRD, S.; KLEIN, E.; LOPER, E. **Natural Language Processing with Python**. 1. ed. O'Reilly Media, Inc., Sebastopol, Califórnia, 2009.

BROSTOW, G.; FAUQUEUR, J.; CIPOLLA, R. Semantic object classes in video: A high-definition ground truth database. **Pattern Recognition Letters**, v. 30. p. 88-97, 2009.

BROWNLEE, J. **Text Generation with LSTM Recurrent Neural Networks in Python with Keras**. August 2016. Disponível em: https://machinelearningmastery.com/text-generation-lstm-recurrent-neural-networks-python-keras/. Acesso em: jan. 2025.

CHELLAPILLA, K.; FOGEL, D. B. Evolution, neural networks, games, and intelligence. **Proceedings of the IEEE**, v. 87, n. 9, p. 1471-1496, 1999.

CHOLLET, F. **Deep Learning with Python**. Manning Publications, Shelter Island, 2017.

CONSENZA, R. M. **Fundamentos de Neuroanatomia**. 2. ed. Belo Horizonte: Guanabara Koogan, 1994. p. 108-115.

CORDTS, M. *et al.* The cityscapes dataset for semantic urban scene understanding. **Proceedings of the IEEE conference on computer vision and pattern recognition**, p. 3213-3223, 2016.

CORTES, C.; VAPNIK, V. Support-vector networks. **Machine Learning**, v. 20, p. 273- 97,1995.

DESHPANDE, A. **A Beginer's Guide to Understanding Convolutional Neural Networks**. Adit Deshpande Blog, 2016.

DEVLIN, J. *et al.* **BERT: Pre-training of Deep Bidirectional Transformers for Lan- guage Understanding**, In Proceedings of the 2019 Conference of the North American Chapter of the Association for Computational Linguistics: Human Language Technologies, Volume 1 (Long and Short Papers), pages 4171–4186, Minneapolis, Minnesota. Association for Computational Linguistics. 2019.

EBERHART, R.; DOBBINS, R. **Neural Networks PC Tools –** A Practical Guide. San Diego: Academic Press, 1990.

EVERINGHAM, M. *et al.* The pascal visual object classes (voc) challenge. **International Journal of Computer Vision**, v. 88, p. 303-338, 2010.

FENG, S. *et al.* Intelligent driving intelligence test for autonomous vehicles with natu- ralistic and adversarial environment. **Nat Commun**, v. 12, p. 748, 2021.

GAMA, J. A survey on learning from data streams: current and future trends. **Progress in Artificial Intelligence**, v. 1, n. 1, p. 45-55, 2012.

GEIGER, A. *et al.* Vision meets robotics: The KITTI dataset. **The International Journal of Robotics Research**, v. 32, n. 11, p. 1231-1237, ago. 2013.

GERON, A. **Hands-on machine learning with Scikit-Learn, Keras, and TensorFlow:** concepts, tools, and techniques to build intelligent systems. 2. ed. Sebastopol: O'Reilly Media, 2019.

GIL, A. C. **Como elaborar projetos de pesquisa**. 4. ed. São Paulo: Atlas, 2008.

GOODFELLOW, I.; BENGIO, Y.; COURVILLE, A. **Deep Learning.** Cambridge: MIT Press. 2016.

GREFF, K. *et al.* LSTM: A search space odyssey. **IEEE transactions on neural networks and learning systems**, v. 28, n. 10, p. 2222-2232, 2017.

GUO, Y. *et al.* A Review of Semantic Segmentation Using Deep Neural Networks. **International Journal of Multimedia Information Retrieval**, v. 7, p. 87- 93. 2018.

GUYTON, A. C.; HALL, J. E. **Tratado de fisiologia médica**. 13. ed. Rio de Janeiro: Elsevier, 2017.

HAGENDORFF, T. The Ethics of AI Ethics: An Evaluation of Guidelines. **Minds & Machines**, v. 30, p. 99-120, 2020.

HAYKIN, S. **Redes Neurais:** princípios e prática. 2. ed. Porto Alegre: Bookman, 2008.

HEBB, D. **The Organization of Behavior:** A Neuropsychological Theory. Nova York: Wiley, 1949.

HEINRICH, G. **Image Segmentation Using DIGITS 5**. NVIDIA Developer Blog, 2016.

HINTON, G.; OSINDERO, S.; TEH, Y.-W. A fast learning algorithm for deep belief nets. **Neural Computation**, v. 18, n. 7, p. 1527-1554, jun. 2006.

HOSPEDALES, T. *et al.* **A Meta-Learning in Neural Networks: A Survey**, in IEEE Transactions on Pattern Analysis and Machine Intelligence, vol. 44, no. 9, pp. 5149-5169, 1 Sept., 2022.

HUBEL, D.; WIESEL, T. Receptive fields of single neurones in the cat's striate córtex. **The Journal of Physiology**, v. 148, n. 3, p. 574-591, out. 1959.

HUBEL, D.; WIESEL, T. Receptive fields, binocular interaction and functional architecture in the cat's visual córtex. **The Journal of Physiology**, v. 160, n. 1, p. 106-154, jan. 1962.

INDURKHYA, N.; DAMERAU, F. J. **Handbook of Natural Language Processing**. 2· ed. Chapman & Hall/CRC, New York, 2010.

JAMES, G. *et al.* **An Introduction to Statistical Learning**. New York: Springer, 2013.

JORDAN, J. **Convolutional Neural Networks**. 16 jul. 2017. Disponível em: https://www.jeremyjordan.me/convolutional-neural-networks/. Acesso em: 13 jan. 2025.

KANDEL, E. R. *et al.* **Principles of neural science**. 6. ed. Nova York: McGraw Hill, 2021.

KHAN, A. *et al.* A Survey of the Recent Architectures of Deep Convolutional Neural Networks. **Artificial Intelligence Review**, v. 53, p. 5455-5516, 2020.

KOHONEN, T. The Self-Organizing Map. **Proceedings of the IEEE**, v. 78, n. 9, Sep. 1990.

KOK, I.; SIMSEK, M. U.; ÖZDEMIR, S. A deep learning model for air quality prediction in smart cities. *In*: **2017 IEEE International Conference on Big Data (Big Data)**, 2017.

KOVACS, Z. L. **Redes neurais artificiais**. São Paulo: Editora Livraria da Física, 2002.

KRIZHEVSKY, A.; SUTSKEVER, I.; HINTON, G. ImageNet classification with deep convolutional neural networks. **Communications of the ACM**, v. 60, n. 6, maio 2017.

KUFFLER, S. Discharge Patterns and Functional Organization of Mammalian Retina. **Journal of Neurophysiology**, v. 16, n. 1, p. 37-68, jan. 1953.

LECUN, Y. *et al.* Backpropagation Applied to Handwritten Zip Code Recognition. **Neural Computation**, v. 1, n. 4, p. 541-551, 1989.

LECUN, Y. *et al.* Deep learning. **Nature**, v. 521, p. 436-44, 2015.

LECUN, Y. *et al*. Gradient-based Learning Applied to Document Recognition. **Proceedings of the IEEE**, v. 86, n. 11, p. 2278-2324, nov. 1998.

LENT, R. **Cem bilhões de neurônios:** conceitos fundamentais de neurociência. 2. ed. São Paulo: Atheneu, 2010.

LIN, M.; CHEN, Q.; YAN, S. **Network in Network**. Computer Science, arXiv preprint arXiv:1312.4400, 2013.

LIN, T.-Y. *et al.* Microsoft COCO: Common objects in context. **European Conference on Computer Vision – ECCV 2014**, p. 740-755, 2014.

LIPPMAN, R. P. An Introduction to Computing with Neural Nets. **IEEE ASSP Magazine**, v. 3, n. 4, abr. 1987.

LONG, J.; SHELHAMER, E.; DARRELL, T. Fully Convolutional Networks for semantic segmentation. **2015 IEEE Conference of Vision and Pattern Recognition (CVPR)**, Boston, p. 3431-3440, 2015.

MANNING, C. D. **Computational Linguistics and Deep Learning Computational Linguistics**, MIT Press, 41(4), 701-707, Cambridge, 2015.

MARTINS, F. E. **Estatística e Probabilidade**. 2. ed. São Paulo: Atlas, 2010.

MINSKY, M.; PAPERT, S. **Perceptrons.** An Introduction to Computational Geometry. Cambridge: MIT Press, 1969.

MCCULLOCH, W. S.; PITTS, W. A logical calculus of the ideas immanent in nervous activity. **Bulletin of Mathematical Biophysics**, v. 5, p. 115-33, 1943.

MENEZES, N. N. C. **Introdução à Programação com Python**. 2. ed. São Paulo: Novatec, 2014.

MINSKY, M. A neural-analogue calculator based upon a probability model of reinforcement. **Harvard University Pychological Laboratories internal report**, 1952.

MITCHELL, T. **Machine Learning**. Nova York: McGraw Hill, 1997.

MORAN, J. M.; MASSETTO, M. T.; BEHRENS, M. A. **Novas Tecnologias e Mediação Pedagógica**. 13. ed. Campinas: Papirus, 2002.

MULGREW, B. Applying radial basis functions. **IEEE Signal Processing Magazine**, v. 13, n. 2, p. 50-65, 1996.

NAIR, V.; HINTON, G. E., Rectified linear units improve restricted boltzmann machines. **Proceedings of the 2010 International Conference on Machine Learning (ICML)**, 2010.

NIELSEN, M. A. **Neural Networks and Deep Learning**. Determination Press, 2015. Disponível em: https://neuralnetworksanddeeplearning.com/index.html. Acesso em: 13 jan. 2025.

OTTER, D. W. *et al.* A survey of the usages of deep learning for natural language processing. **IEEE Transactions on Neural Networks and Learning Systems**, v. 32, n. 2, p. 604-624, 2020.

PINTO, D.; MORGADO, M. C. F. **Cálculo Diferencial e Integral de Funções de Várias Variáveis**. 3. ed. Rio de Janeiro: Editora UFRJ, 2009.

PREST, Al. *et al.* Learning object class detectors from weakly annotated video. **2012 IEEE Conference on Computer Vision and Pattern Recognition**. Providence, p. 3282-3289, 2012.

RANZATO, M.'A. *et al.* Unsupervised Learning of Invariant Feature Hierarchies with Applications to Object Recognition. **2007 IEEE Conference on Computer Vision and Pattern Recognition**. Mineapolis, p. 1-8, 2007.

RAUBER, T. W. **Redes neurais artificiais**. Vitória: Universidade Federal do Espírito Santo, 2005.

RAVANELLI, M. *et al.* Multi-task self-supervised learning for robust speech recognition. *In*: **ICASSP 2020-2020 IEEE International Conference on Acoustics, Speech and Signal Processing (ICASSP)**, Barcelona, 2020, p. 6989-6993.

RIZWAN, M. **Convolutional Neural Networks – In a NutShell**. 17 set. 2018. Disponível em: https://medium.com/coinmonks/convolutional-neural-network-in-a-nut-shell-107b5b9364ab. Acesso em: 13 jan. 2025.

ROS, G. *et al.* The SYNTHIA Dataset: A large collection of synthetic images for semantic segmentation of urban scenes. **2016 IEEE Conference on Computer Vision and Pattern Recognition (CVPR)**, Las Vegas, p. 3234-3243, 2016.

ROSENBLATT, F. The Perceptron – A perceiving and recognizing automaton. **Report** 85-460-1, Cornell Aeronautical Laboratory, nov. 1957.

ROSENBLATT, F. The Perceptron: A Probabilistic Model for Information Storage and Organization in the Brain. **Psychological Review** 65, n. 6, p. 386-340, 1958.

RUMELHART, D. E.; MCCLELLAND, J. L. Learning Internal Representations by Error Propagation. *In*: **Parallel Distributed Processing**. Cambridge: MIT Press, 1986.

RUSSELL, S. **Inteligência Artificial**. 3. ed. Rio de Janeiro: Elsevier, 2013.

SAHA, A.; KEELER, J. D. **Algorithms for better representation and faster learning in Radial Basis Function Networks**. Advances in Neural Information Processing Systems 2, Morgan Kaufmann, edited by Davis S. Touretzky,Denver, p. 482-489, 1989.

SANTOS, F. A. O.; PINHEIRO, C. A. M.; LIMA, I.; BALESTRASSI, P. P. Parameterization of RBF Neural Networks via Combination of Unsupervised Procedures and a New Way of Scaling Parameters. **Proceedings of the 19th International Conference on Circuits, Systems, Communications and Computers**, Zakynthos Island, p. 469-475, 2015.

SARACCO, R. **Congrats Xiaoyi. You are now a medical doctor.** IEEE Future Directions, 2017. Disponível em: https://cmte.ieee.org/futuredirections/2017/12/02/congrats-xiaoyi-you-are-now-a-medical-doctor/. Acesso em: 13 jan. 2025.

SIGILLITO, V.; HUTTON, L. Case Study II: Radar Signal Processing. *In*: EBERHART, R.; DOBBINS, R. **Neural Networks PC Tools** – A Practical Guide. San Diego: Academic Press, 1990.

SILVERTHORN, D. U. **Fisiologia humana:** abordagem integrada. 7. ed. Porto Alegre: Artmed, 2017.

SIMARD, P.; STEINKRAUS, D.; PLATT, J. Best practices for convolutional neural networks applied to visual document analysis. **Seventh International Conference on Document Analysis and Recognition**. Edimburgo, p. 958-963, 2003.

SIMONYAN, K.; ZISSERMAN, A. Very Deep Convolutional Networks for Large-Scale Image Recognition. **3rd International Conference on Learning Representations (ICLR)**. San Diego, 2015.

SIMPSON, P. K. **Artificial Neural Systems:** foundations, paradigms, applications, and implementations. Pergamon Press, Oxford, 1990.

SZEGEDY, C. *et al.* **Going Deeper with Convolutions**. 2015 IEEE Conference on Computer Vision and Pattern Recognition (CVPR). Boston, 2015. p. 1-9.

TIGHE, J.; LAZEBNIK, S. **Superparsing:** Scalable nonparametric image parsing with superpixels. European Conference on Computer Vision – ECCV, 2010. p. 352-365.

TORFI, A. *et al.* **Natural language processing advancements by deep learning:** a survey, arXiv preprint arXiv:2003.01200, 2020.

TURING, A. M. Computing Machinery and Intelligence. **Mind**, LIX, v. 236, p. 433- 460, October 1950.

ULKU, I.; AKAGUNDUZ, E. A **Survey on Deep Learning-Based Architectures for Semantic Segmentation on 2D Images**. Pré-publicação. Turquia: Çankaya University, 2020.

ÜNAL, M. **Show Images Directly on Terminal:** img2sh. A blog from Mehmet Ozan Ünal, 03 nov. 2019.

WASSERMAN, P. **Neural Computing Theory and Practice**. Nova York: Van Nostrand Rheinhold, 1989.

WIDROW, B.; LEHR, M. A. 30 Years of Adaptive Neural Networks: Perceptron, Madaline and Backpropagation. **Proceedings of the IEEE**, v. 78, n. 9, sep. 1990.

WIDROW, B.; HOFF, M. **Adaptive Switching Circuits**. Western Electronic Show and Convention, Institute of Radio Engineers, 4, p. 96-104, 1960.

ZAREMBA, T. Case Study III: Technology in Search of a Buck. *In*: EBERHART, R.; DOBBINS, R. **Neural Networks PC Tools** – A Practical Guide. San Diego: Academic Press, 1990.

ZEILER, M.; FERGUS, R. Visualizing and Understanding Convolutional Networks. **European Conference on Computer Vision,** p. 818-833, 2014.

